YUNNAN PINKUNSHANQU NONGCUNRENLIZIYUANKAIFAZHONG
XINGBIEPINGDENGWENTI YANJIU

云南民族大学学术文库
YUNNANMINZU DAXUE XUESHU WENKU

# 云南贫困山区农村人力资源开发中性别平等问题研究

高梦滔　毕岚岚　和云　著

民族出版社

图书在版编目（CIP）数据

云南贫困山区农村人力资源开发中性别平等问题研究/高梦滔，毕岚岚，和云著.—北京：民族出版社，2010.11
（云南民族大学学术文库/甄朝党，张英杰主编）
ISBN 978-7-105-11201-2

Ⅰ.①云… Ⅱ.①高…②毕…③和… Ⅲ.①农村—劳动力资源—资源开发—性别—研究—云南省 Ⅳ.①F323.6

中国版本图书馆 CIP 数据核字（2010）第 215878 号

## 云南贫困山区农村人力资源开发中性别平等问题研究

著　　者：高梦滔　毕岚岚　和　云
策划编辑：张宏宏
责任编辑：和奇业勒图
封面设计：晓玉工作室
出版发行：民族出版社
地　　址：北京市东城区和平里北街 14 号　邮编：100013
电　　话：010-64228001（编辑室）
　　　　　010-64224782（发行部）
网　　址：http://www.mzcbs.com
印　　刷：北京市迪鑫印刷厂
经　　销：各地新华书店
版　　次：2010 年 11 月第 1 版　2010 年 11 月北京第 1 次印刷
开　　本：787 毫米×1092 毫米　1/16
字　　数：133 千字
印　　张：7
定　　价：25.00 元
ISBN 978-7-105-11201-2/F·308（汉 256）

该书如有印装质量问题，请与本社发行部联系退换。

# 《云南民族大学学术文库》委员会

**学术顾问**

郑杭生　孙汉董　汪宁生　马　戎　杨圣敏
李路路　姚　洋　文日焕　陈振明　陈庆德
彭金辉

**主　任**

甄朝党　张英杰

**副主任**

和少英　马丽娟　王德强　张桥贵　王四代

**委　员**

安学斌　尤仁林　李若青　李　骞　张建国
高梦滔　孙仲玲　谷　雨　赵静冬　陈　斌
刘劲荣　李世强　杨光远　马　薇　杨柱元
高　飞　郭俊明　聂顺江　普林林　高登荣
赵世林　鲁　刚　杨国才　张金鹏　焦印亭

# 总　　序

甄朝党　张英杰[①]

云南民族大学是一所培养包括汉族在内的各民族高级专门人才的综合性大学，是云南省省属重点大学，是国家民委和云南省人民政府共建的全国重点民族院校。学校始建于1951年8月，在毛泽东、邓小平、江泽民、胡锦涛几代党和国家领导人的亲切关怀下，得以创立和不断发展，被党和国家特别是云南省委、省政府以及全省各族人民寄予厚望。几代民族大学师生不负重托，励精图治，经过近六十年的建设，尤其是最近几年的创新发展，云南民族大学已经成为我国重要的民族高层次人才培养基地、民族问题研究基地、民族文化传承基地和国家对外开放与交流的重要窗口，在国家高等教育体系中占有重要地位，并享有较高的国际声誉。

云南民族大学是一所学科门类较为齐全、办学层次较为丰富、办学形式多样、师资力量雄厚、学校规模较大、特色鲜明、优势突出的综合性大学。目前，云南民族大学拥有1个联合培养博士点，50多个一级、二级学科硕士学位点和专业硕士学位点，60多个本科专业，涵盖哲学、经济学、法学、教育学、文学、历史学、理学、工学和管理学9大学科门类。学校从1979年开始招收培养研究生，2003年被教育部批准与中国人民大学联合招收培养社会学专业博士研究生，2009年被确定为国家立项建设的新增博士学位授予单位。国家级和省部级特色专业、重点学科、重点实验室、研究基地的数量以及国家级和省部级科研项目立项数、获奖数等衡量高校办学质量和水平的重要指标持续增长。民族学、社会学、经济学、管理学、民族语言文化、民族药资源化学、东南亚南亚语言文化等特

---

[①] 甄朝党系云南民族大学党委书记、教授、博士研究生导师；张英杰系云南民族大学校长、教授、博士研究生导师。

色学科实力显著增强,在国内外的影响力不断扩大。学校科学合理的人才培养体系和科学研究体系得以形成和完善,特色得以不断彰显,优势得以不断突出,影响力得以不断扩大,地位与水平得以不断提升,学校的改革、建设、发展不断取得重大突破,学科建设、师资队伍建设、校区建设、党的建设等工作不断取得标志性成就,通过人才培养、科学研究、服务社会、传承文明,为国家特别是西南边境民族地区发挥作用、做出贡献的力度越来越大。

云南民族大学高度重视科学研究,形成了深厚的学术积淀和优良的学术传统。长期以来,学校围绕经济社会发展和学科建设的需要,大力开展科学研究,产出了大量的学术创新成果,提出了一些原创性的理论和观点,得到了党委、政府的肯定和学术界的好评。早在20世纪50年代,以著名民族学家马曜教授为代表的一批学者就从云南边疆民族地区的实际出发,提出了"直接过渡民族"理论,得到了刘少奇、周恩来、李维汉等党和国家领导人的充分肯定并直接转化为指导民族工作的方针、政策,为顺利完成边疆民族地区社会主义改造以及维护边疆民族地区的团结稳定和持续发展发挥了重要作用,做出了突出贡献。汪宁生教授是新中国成立后较早从事民族考古学研究并取得突出成就的专家,其研究成果被国内外学术界广泛引用,为民族考古学中国化做出了重要贡献。最近几年,我校专家主持完成的国家社会科学基金项目数量多,成果质量高,结项成果中有多项由全国哲学社会科学规划办公室刊发《成果要报》,报送党和国家高层领导,发挥了资政作用。主要由我校专家完成的国家民委《民族问题五种丛书》云南部分、《云南民族文化史丛书》等都是民族研究中的基本文献,为解决民族问题和深化学术研究提供了有力的支持。此外,还有不少论著成为我国学术界中具有代表性的成果。

改革开放三十多年来,我国迅速崛起,国际影响力越来越大,这就为高等教育的发展创造了机遇,也对高等教育提出了更高的要求。2009年,胡锦涛总书记考察云南,提出了要把云南建成我国面向西南开放的重要桥头堡的指导思想。云南省委、省政府作出把云南建成绿色经济强省、民族文化强省和我国面向西南开放重要桥头堡的战略部署。作为负有特殊责任和使命的高校，云南民族大学将根据国家和区域的发展战略，进一步强化人才培养、科学研究、社会服务和文化传承的功能，围绕把学校建成"国内一流、国际知名的高水平民族大学"的战略目标，进一步加大学科建设力度，培育和建设一批国内、省内领先的学科；进一步加强人才队伍建设，全面提高教师队伍整体水平；进一步深化教育教学改革，提高教育国际化水平和人才培养质量；进一步抓好科技创新，提高学术水平和学术地位，把云南民族大学建设成为立足云南、面向全国、辐射东南亚、南亚的高水平民族大学，为我国经济社会发展，特别是为云南边疆民族地区经济社会发展做出更大的贡献。

学科建设是高等学校建设工程的核心和基础，科学研究是高等学校的基本职能与重要任务。为更好地促进学校的科学研究工作，加强学科建设，推进学术创新，学校领导班子决定出版《云南民族大学学术文库》，其意义主要体现在以下三个方面：

第一，本套文库的出版体现了科学研究为经济社会发展服务的宗旨。当前，我国处于快速发展的时期，经济社会发展中有许多问题需要研究，解决问题的思路和办法可以为社会发展提供智力支持。我们必须增强科学研究的针对性，加强学术研究与经济社会发展的联系，充分发挥科学研究的社会作用，提高高校对经济社会发展的影响力和贡献度，并在这一过程中实现自己的价值，提升高校的学术地位和社会地位。我们相信，随着本套文库的陆续出版，学校致力于为边疆民族地区经济社会发展服务及促进民族团结与进步、社会和谐与稳定的优良传统将进一步得到发扬，学校作为社会思想库与政府智库的作用将得到进一步的增强。

第二，本套文库与我校学科建设紧密结合，体现了学术积累和文化创造的特点，突出了我校学科的特色和优势。我校2009年被确定为国家立项建设的新增博士学位授予单位，这是对我校办学实力和办学水平的肯定，也为学校的发展提供了重要机遇，同时也对学校的发展提出了更高的要求。博士生教育是高校人才培养的最高层次，它要求有高水平的师资队伍、高水平的科学研究能力和研究成果的支持。学科建设是培养高层次人才的重要基础，我们将按照国家和云南省关于新增博士学位授予单位立项建设的要求，遵循"以学科建设为龙头，以人才队伍建设为关键，以创新打造特色，以特色强化优势，以优势谋求发展"的思路，大力促进民族学、社会学、应用经济学、中国语言文学、公共管理学等重点学科的建设与发展，将这些学科产出的优秀成果体现在这套学术文库中，以更好地带动全校各类学科的建设与发展，努力使全校学科建设体现出战略规划、立体布局、突出重点、统筹兼顾、全面发展、产出成果的态势与格局，用高水平的学科建设促进高水平的大学建设。

第三，本套文库体现了良好的学术品格和学术规范。科学研究的目的是探寻真理、创新知识、完善社会、促进人类进步。这就要求研究者必须有健全的主体精神和科学的研究方法。我们倡导实事求是的研究态度，文库作者要以为国家负责、为社会负责、为公众负责、为学术负责的高度责任感，严谨治学，追求真理，保证科研成果的内在品质。要谨守学术道德，加强学术自律，按照学术界公认的学术规范开展研究、撰写著作，提高学术质量，为学术研究的实质性进步做出不懈努力。只有这样，我们才能产出有思想深度、有学术创见和有社会影响的成果，也才能让科学研究真正发挥作用。

我们相信，在社会各界和专家学者的关心、支持及全校教学科研人员的共同努力下，《云南民族大学学术文库》一定能成为反映我校学科建设成果的重要平台和汇集我校科学研究成果的精品库，一定能成为我校知识创新、文明创造、服务社会的宝贵的精神财富。

我们的文库建设肯定会存在一些问题或不足，恳请各位领导、各位专家和广大读者不吝批评指正，以帮助我们将文库的出版工作做得更好。

2009 年国庆于春城昆明

# 目 录

前　言 ································································································· 1

第一章　云南妇女发展与人力资本投资 ············································· 1
    一、中国与云南妇女人力资本投资现状 ········································ 3
    二、已有研究的概述 ····································································· 9
    三、本书的研究目的与结构概述 ·················································· 11

第二章　理论框架与数据描述 ·························································· 12
    一、AHM 理论模型及其计量含义 ·············································· 12
    二、数据来源与基本描述统计 ···················································· 15
    三、第二章小结 ·········································································· 20

第三章　营养的性别差异分析 ·························································· 21
    一、人体测量学（Anthrometrics）基本方法介绍 ······················ 22
    二、样本人群人体测量学指标显示的营养状况描述 ···················· 23
    三、营养方面性别不平等分析与计算 ········································· 24
    四、第三章小结 ·········································································· 28

第四章　四周患病与就诊的性别差异 ··············································· 29
    一、患病就诊基本情况 ······························································· 31
    二、四周患病与就诊的性别差异 ················································ 33
    三、第四章小结 ·········································································· 48

## 第五章　成人教育差异的性别分析 ········· 50
一、教育的性别不平等现状 ············· 51
二、教育不平等分解及原因分析 ········· 55
三、第五章小结 ······················· 57

## 第六章　青少年教育差异的性别分析 ······· 58
一、失学基本情况 ····················· 60
二、失学因素的分析 ··················· 63
三、第六章小结 ······················· 74

## 第七章　外出就业的性别差异分析 ········· 76
一、外出就业基本情况 ················· 77
二、外出就业影响因素与性别差异分析 ··· 81
三、第七章小结 ······················· 86

## 第八章　结语：投资于云南妇女，促进长期的性别平等 ······· 88
一、云南山区贫困地区人力资源开发性别差异的现状与原因综述 ··· 88
二、促进云南山区贫困地区性别平等的政策含义 ··············· 89

## 参考文献 ······························· 92

# 前　言

沐浴着新世纪的曙光，妇女发展作为全球经济和社会发展的重要组成部分，受到国际社会的普遍重视。在过去的几十年里，国际社会为促进妇女发展与进步达成了多项协议，将妇女问题与全球政治、经济发展紧密相连成为国际社会的共识，消除经济全球化进程对妇女产生的不利影响，正被逐步纳入各国政府的重要议程。

我国始终把维护妇女权益、促进妇女发展作为义不容辞的责任。1995年制定和颁布的《中国妇女发展纲要（1995—2000年）》是我国妇女发展的重要里程碑，在政府与全社会的大力支持下基本实现了主要目标，为21世纪中国妇女的发展奠定了良好的基础。2001—2010年，是我国经济和社会发展的重要时期，也是完善社会主义市场经济体制和扩大对外开放的重要时期，我国将在更广泛的领域和更高的层次参与经济全球化。面对我国改革开放和现代化建设的新形势、新任务，面对经济全球化的发展趋势，我国的妇女发展也必须有更高的目标和更快的前进步伐。中国政府制定并颁布《中国妇女发展纲要（2001—2010年）》，以更好地维护妇女权益，提高妇女整体素质，加快实现男女平等的进程，发挥广大妇女在社会主义现代化建设中的重要作用，实现两性平等包括确保妇女和男子、女孩和男孩的平等权利、责任和机会。男女平等本身既是一种目的，也是实现发展与和平目标的一种手段。尤其是在妇女整个生活周期内为其特别是为女童提供教育和培训，是实现两性平等的重要手段。使所有妇女和女孩都充分享有所有人权和基本自由是实现两性平等、发展与和平的先决条件。

本书从人力资源开发角度切入两性平等这个主题，研究了云南省贫困地区妇女人力资源开发问题。人力资本投资的性别不平等既存在于贫困人群中，

也存在于富裕人群中,但在贫困人群中,这种不平等常常最明显。中国的贫困往往是和山区联系在一起的,20世纪90年代中期制定的《国家八七扶贫攻坚计划》所确定的592个贫困县中,丘陵和山区县占86%,平原地区县仅占14%。经过20多年的反贫困实践,贫困人口急剧减少,贫困区域也进一步缩小。但是随着其他贫困区的缩小,贫困向山区收缩,山区成为全国小康社会包围的"贫困孤岛"的现象也愈加突出。云南省是全国山区面积最多的省份之一,算上丘陵,云南山区面积达到95%以上。因此,本书关注云南山区贫困农村地区的妇女人力资源开发和人力资本投资问题也就更加具有现实意义。对于云南省来说,本书的研究兼具反贫困与人力资源开发双重含义。

数据是本书研究的基础,本书使用的数据库来自于云南省民委和云南民族大学"新农村建设研究"项目。调查的时间是2006年7月—8月,农户抽样调查的问卷涵盖了收入、消费、人口学特征、人力资本、基础设施和村庄民主等诸多方面。调查方法是把云南省划为经济、社会发展水平三分组的地州市基础上进行多阶段概率比例抽样。一共获得有效的村问卷150份、户问卷1425份,涉及5822个人,从而为本书提供了良好的支撑。

本书包括八个章节,第一章介绍中国以及云南妇女人力资本投资现状;第二章对本书所要使用的理论框架及其计量含义、数据来源及描述统计作了详细介绍。前两章是为后面章节的计量经济学分析提供背景资料,并提出值得关注的问题。

第三章利用人体测量学指标计算营养方面的性别差异。研究发现云南省普遍存在营养的性别差异,并且低收入人群营养性别差异要显著高于高收入人群,尤其是在低收入组的孩子之间营养状况性别差异似乎还有拉大的趋势。

第四章对于四周患病和就诊情况的性别差异进行比较,并且初步分析"新型农村合作医疗"(简称"新农合")制度的效果。研究结果证实了"新农合"对于农户卫生服务利用具有显著的双重效果:首先,"新农合"减轻了农户医疗负担,促进了农户小病及时就诊。测算结果表明,"新农合"可以提高农户就诊概率3%~7%;可以降低农户医疗费用负担25%~30%;其次,"新农合"缩小了医疗服务利用的不平等,使得治疗支出均等化。而且"新农合"对于促进女性基层卫生服务利用具有更为显著的作用,能够间接起到缩小家庭内部卫生资源利用的性别不平等的效果。研究还发现"新农合"促进农户医疗服务的利用和农村卫生基本保健网的建设密切相关，村级卫生室数量和村卫生员的数量对于发挥"新农合"效果有积极的作用；"新农合"的费用减免仅仅能够解释全部需求增加效果的一部分，"新农合"通过制度建设的其他方面发挥的作用，占到总影响的一半以上。这个结果表明，"新农合"的建设是一个长期的过程，制度软环境和基础设施硬环境都将是影响"新农合"建设成败的关键，是"新农合"可持续性的必须的基层实际工作重点所在。

第五章研究了成人教育的差异情况。主要研究农户成年男女的教育差异，女性群体较之男性群体显著要高，并且这种差异主要体现在家庭个体的层面上，而非群体特征。男女教育性别差异主要存在于小学和初中阶段，但是发达程度不同的地区的差异特征各异，少数民族聚居的贫困地区教育性别差异尤其突出。控制了家庭收入差异以后，女性教育不平等程度显著高于男性，这体现出家庭内部资源分配上的性别歧视。

因为成人教育的分析无法回溯过去的社会经济情况，承接第五章，第六章进一步对教育性别差异进行了分析。这一章利用生存模型分析了教育质量对于山区农村孩子失学概率的影响，结果显示出父母教育程度的提高对于降低孩子辍学率具有显著的正向影响，尤其是母亲教育的影响作用更大。学校的规模和师资充足对降低学生辍学率的可能性有显著影响。在贫困农村地区的基础教育中，存在一定程度的规模经济效应。以班主任素质表示的教师和学校质量水平提高对于降低孩子辍学率具有重要的影响，并且这种影响存在于孩子基础教育的各个阶段。在控制其他条件的情况下，本文的估计结果还发现农村贫困山区孩子辍学率的两种分层现象：山区孩子辍学率高于坝区，女孩辍学率高于男孩。

第七章集中分析山区青年外出就业的影响因素和性别差异。研究结果发现，在农村青年外出就业的选择过程中，女性更多的还是受到传统婚姻家庭角色定位的影响，婚姻对于女性的外出就业具有显著的负向影响，家庭土地面积也是如此。对于男青年来说，健康状况和长期的营养投资对于外出就业、进入劳动力市场具有显著的正向影响，而这种体质特征对于女性不明显。对于20岁以下的青年来说，教育和外出就业之间存在一定的替代作用，而20岁以上青年的教育程度对于其外出就业的选择具有促进和互补的作用并且劳动力市场的环境因素对于20岁以上青年选择外出就业具有显著影响。

第八章综合前几章的研究结论并提出相应的政策建议。

本书是团队合作的成果。高梦滔与毕岚岚作为研究的组织者，不仅组织了调查以及数据的整理和开发工作，而且还参与了本书大部分章节的写作。本书作者如下：高梦滔，原北京大学中国经济研究中心博士后，现为云南民族大学教授；毕岚岚，云南民族大学硕士研究生；和云，原云南民族大学教授，现为北京邮电大学教授。

我们感谢云南民族大学的支持，并特别感谢云南省民委在数据收集方面给予的大力协助。

本书的一些章节已经先期发表在实行匿名审稿的杂志上，我们感谢匿名审稿人对文章的批评和修改意见，感谢各杂志对我们的支持。

# 第一章 云南妇女发展与人力资本投资

人类进入20世纪以来，尽管性别平等已经取得了相当的进步，但在世界范围内，性别歧视仍然普遍存在于社会生活的许多方面。各国和各地区的性别歧视在性质和范围上虽然大相径庭，但其模式的相似性却令人触目惊心。在发展中国家的大多数地区，女性都无法与男性平等地享有法律、社会和经济等方面的权利。在资源的享有和利用、经济机会、权利和政治言论等方面的性别鸿沟也十分普遍，女性承受着这种不平等的最大和最直接的代价。这种代价广泛波及全社会，并最终损害到每一个人。

鉴于上述原因，性别平等成为发展中国家的一个核心问题，其本身也成为发展的一个目标，而非单纯的手段。促进性别平等有利于增强国家的发展实力、缓解贫困。因此，促进性别平等成为包括男女两性在内的全人类摆脱贫困、提高生活水平这一发展战略的重要组成部分。

这对于拥有全世界最多人口和最多女性人口的发展中大国——中国而言，尤其重要。

我国政府始终把维护妇女权益、促进妇女发展作为义不容辞的责任。1995年制定和发布的《中国妇女发展纲要（1995—2000年）》（以下简称"95《纲要》"）是我国妇女发展的重要里程碑。5年多来，在国务院和地方各级政府的积极努力下，在包括非政府组织在内的社会力量的大力支持下，"95《纲要》"的主要目标基本实现，为21世纪的妇女发展奠定了良好的基础。"95《纲要》"的实施改善了我国妇女生存与发展的社会环境，维护了妇女的合法权益，加速了男女平等的进程，促进妇女在政治、经济、教育、健康等各个领域取得了全面进步。

2001—2010年是我国经济和社会发展的重要时期，也是完善社会主义市场经济体制和扩大对外开放的重要时期。我国将在更广泛的领域和更高的层次参与经济全球化。面对我国改革开放和现代化建设的新形势、新任务，面对经济全球化的发展趋势，我国的妇女发展必须有更高的目标和更快的前进步伐。

为了更好地维护妇女权益，提高妇女整体素质，加快实现男女平等的进程，发挥广大妇女在社会主义现代化建设中的重要作用，我国政府制定并发布《中国妇女发展纲要（2001—2010年）》（以下简称《纲要》）。《纲要》根据《中华人民共和国国民经济和社会发展第十个五年计划纲要》的总体要求，从我国基本国情和妇女现状出发，兼顾妇女发展的阶段性目标和长远目标，确定了2001—2010年妇女发展的总目标和主要目标。同时，充分考虑第四次世界妇女大会《行动纲领》提出的妇女发展的12个重要领域，借鉴世界上其他国家制定妇女发展规划的做法，以"95《纲要》"的实施成效为基础，根据我国妇女发展迫切需要解决的实际问题和2001—2010年的可持续发展，《纲要》确定了6个优先发展领域，即：妇女与经济、妇女参与决策和管理、妇女与教育、妇女与健康、妇女与法律、妇女与环境，并以促进妇女发展为主题贯穿始终。

《纲要》明确指出以妇女与教育、妇女与健康作为中国优先发展的领域。这可以从两个方面理解：第一、从权利平等的角度看，妇女处于获得教育与健康资源方面的不利地位，将会限制广大妇女的机会，束缚她们参与发展并享有发展成果的权力；第二、从人力资源开发的角度来看，对于妇女教育、健康和劳动力转移的投资无论是在微观还是在宏观层面上都是非常重要的人力资本投资：微观意义上，是个人与家庭摆脱贫困，获得长期福祉的有效手段；宏观意义上，则是一国长期经济增长的基础，亦是人类发展终极目标——人本身的发展的体现。

人力资本投资的性别不平等既存在于穷人中，也存在于富人中，但在穷人中，这种不平等常常最明显（World Bank, 2001b）。中国的贫困往往是和山区联系在一起的，20世纪90年代中期制定的《国家八七扶贫攻坚计划》所确定的592个贫困县中，丘陵和山区占86%，平原区仅占14%。经过20多年的反贫困实践，贫困人口急剧减少，贫困区域也进一步缩小。但是随着其他贫困区的缩小，贫困向山区收缩，山区成为全国小康社会包围的"贫困孤岛"的现象也越加突出。

云南省是全国山区面积最多的省份之一，算上丘陵，云南山区面积达到95%以上。按照《国家八七扶贫攻坚计划》592个贫困县的有关资料，云贵川三省的贫困县达到164个、国家贫困县内有贫困人口1963万，总贫困人口2760万，占全国总贫困人口数的34.22%。并且云南省四百多万贫困人口中有85%是少数民族。

基于这些理由，本报告关注于性别平等，尤其关注于云南山区贫困农村地区的妇女人力资源开发和人力资本投资问题。这兼有性别平等和反贫困的双重现实意义。

# 一、中国与云南妇女人力资本投资现状

中国政府十分重视教育工作，不断加大教育投入，提高国民的文化素质。到目前为止，部分教育指标已经达到发展中国家的先进水平，男女儿童的教育差距进一步缩小。1949年，女童入学率只有15%左右，2002年小学女童的净入学率已达98.53%，男女性别差异下降到0.09个百分点。1951年，小学女生仅占在校生28%，2002年上升到47.2%，高于世界小学女生比例（45.7%）。2002年，中学和高校女生比例分别达到47.2%和44%（中国国家统计局，2004）。

中国的扫盲工作也取得了巨大成绩。1949年前的旧中国，人口文盲率[①]高达80%以上，女性文盲率在90%以上。新中国成立以来，到本世纪初，全国共扫盲2.3亿人。到2002年，人口粗文盲率已经降到9.16%，其中，男性4.99%，女性为13.5%。在15~45岁青壮年组别中，男女文盲率相差仅有2.83个百分点，文盲率的性别差异主要集中在高年龄组。

从平均教育年限来看，男女差距进一步缩小，二者差距从1990年的1.9

---

① 文盲：不识字或识字不足1500个、不能阅读通俗书报、不能写便条的人；文盲率：文盲人数除以总人数，一般用百分率表示。文盲率通常是按具体年龄组来计算，我们采用计算15岁及以上人口文盲率，即称为成人文盲率。

年,缩小到2000年的1.3年(图1-1)。

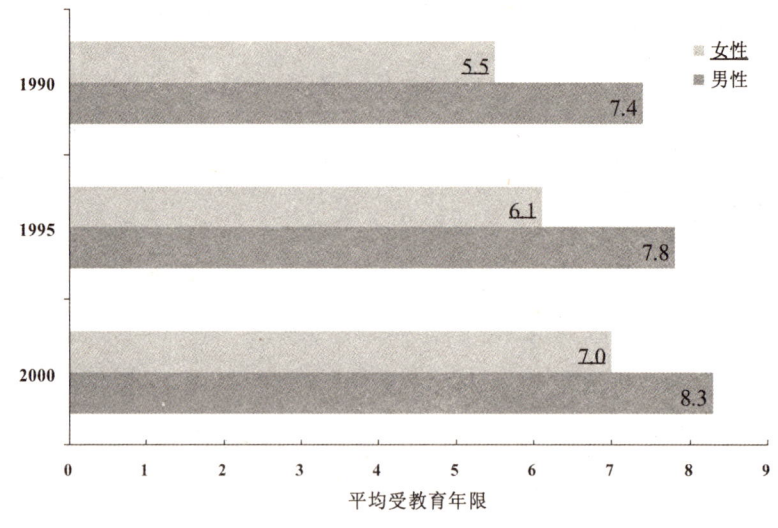

资料来源:中国1990年、2000年人口普查资料、1995年全国1‰人口抽样调查资料。

图1-1:1990-2000年平均受教育年限性别比较

但对云南省来说,男女文盲率的差异仍然较大;根据2006年全国人口变动情况抽样调查的结果,云南省女性文盲率比男性文盲率高11.7个百分点,这与全国其他省份的差异相比显著偏高;而高中以上教育程度人群中,男性则比女性高1.3个百分点;但是整体来说,云南省高中以上人群的比例仅仅高于贵州和西藏两地(表1-1)。

表1-1:男女教育程度的分省比较(2006年)

| 教育程度 | | 未上过学 | | 高中以上比例小计 | | 高中以上比例差异 | 文盲率差异 |
|---|---|---|---|---|---|---|---|
| 女性高中以上比例排序 | 地名 | 男 | 女 | 男 | 女 | 男性—女性 | 男性—女性 |
| 1 | 北京 | 2.2 | 6.4 | 53.2 | 51.9 | 1.3 | -4.1 |
| 2 | 上海 | 1.8 | 8.0 | 51.4 | 44.1 | 7.3 | -6.2 |

续表

| 教育程度 | | 未上过学 | | 高中以上比例小计 | | 高中以上比例差异 | 文盲率差异 |
|---|---|---|---|---|---|---|---|
| 女性高中以上比例排序 | 地名 | 男 | 女 | 男 | 女 | 男性—女性 | 男性—女性 |
| 3 | 天津 | 1.9 | 6.5 | 38.4 | 37.7 | 0.7 | -4.6 |
| 4 | 吉林 | 3.3 | 7.3 | 25.3 | 22.6 | 2.7 | -4.0 |
| 5 | 辽宁 | 2.5 | 6.5 | 25.9 | 22.5 | 3.3 | -3.9 |
| 6 | 湖北 | 4.8 | 13.7 | 25.8 | 20.1 | 5.8 | -9.0 |
| 7 | 山西 | 2.7 | 6.0 | 22.6 | 19.9 | 2.7 | -3.3 |
| 8 | 浙江 | 5.2 | 14.9 | 22.9 | 19.8 | 3.1 | -9.6 |
| 9 | 新疆 | 5.3 | 7.6 | 20.6 | 19.7 | 0.9 | -2.3 |
| 10 | 陕西 | 5.1 | 12.1 | 25.6 | 19.5 | 6.1 | -7.0 |
| 11 | 内蒙古 | 5.2 | 12.7 | 23.1 | 19.3 | 3.7 | -7.5 |
| 12 | 黑龙江 | 3.0 | 7.2 | 22.6 | 19.2 | 3.3 | -4.2 |
| 13 | 江苏 | 4.0 | 13.7 | 26.3 | 18.8 | 7.5 | -9.6 |
| 14 | 广东 | 2.2 | 7.9 | 24.3 | 17.1 | 7.2 | -5.8 |
| 15 | 宁夏 | 8.2 | 19.4 | 21.9 | 16.9 | 5.0 | -11.3 |
| 16 | 湖南 | 2.9 | 9.5 | 21.1 | 16.9 | 4.2 | -6.6 |
| 17 | 青海 | 11.5 | 24.7 | 18.1 | 15.3 | 2.7 | -13.2 |
| 18 | 山东 | 4.3 | 13.5 | 22.9 | 15.2 | 7.7 | -9.3 |
| 19 | 福建 | 4.1 | 16.7 | 21.4 | 15.1 | 6.3 | -12.6 |
| 20 | 海南 | 4.0 | 13.1 | 23.0 | 14.6 | 8.4 | -9.0 |
| 21 | 重庆 | 5.3 | 12.6 | 16.5 | 14.3 | 2.2 | -7.2 |
| 22 | 河北 | 3.4 | 9.0 | 17.0 | 13.7 | 3.2 | -5.6 |
| 23 | 广西 | 2.8 | 9.2 | 18.7 | 13.6 | 5.1 | -6.3 |
| 24 | 河南 | 5.0 | 11.3 | 17.8 | 13.4 | 4.4 | -6.3 |
| 25 | 江西 | 3.9 | 12.4 | 19.9 | 12.5 | 7.4 | -8.5 |
| 26 | 甘肃 | 12.1 | 27.0 | 17.9 | 11.8 | 6.1 | -14.8 |
| 27 | 四川 | 6.7 | 16.6 | 16.0 | 11.4 | 4.7 | -9.9 |
| 28 | 安徽 | 7.8 | 21.2 | 17.4 | 11.2 | 6.3 | -13.4 |
| 29 | 云南 | 9.4 | 21.1 | 10.5 | 9.2 | 1.3 | -11.7 |

续表

| 教育程度女性高中以上比例排序 | 地名 | 未上过学 男 | 未上过学 女 | 高中以上比例小计 男 | 高中以上比例小计 女 | 高中以上比例差异 男性—女性 | 文盲率差异 男性—女性 |
|---|---|---|---|---|---|---|---|
| 30 | 贵州 | 8.8 | 23.9 | 10.5 | 7.6 | 2.9 | -15.2 |
| 31 | 西藏 | 31.1 | 50.2 | 3.7 | 4.1 | -0.4 | -19.0 |
| ~ | 全国 | 4.8 | 12.9 | 21.5 | 16.7 | 4.8 | -8.1 |

资料来源：根据2006年全国人口变动情况抽样调查样本数据（抽样比为0.907‰）计算。

从健康与卫生方面来看，新中国建立以来，人均预期寿命大幅度提高，从1949年前的35岁，提高到2000年的71.4岁，女性预期寿命提高到73.3岁，接近世界平均水平74岁（表1-2）。

表1-2：男女期望寿命的变化（岁）

| 年份 | 资料来源 | 平均预期寿命 | 男 | 女 |
|---|---|---|---|---|
| 解放前 | | 35.0 | ~ | ~ |
| 1957 | 11个省、市的70个市、1个县和126个乡 | 57.0 | ~ | ~ |
| 1973-1975 | 全国人口三年肿瘤死亡回顾调查 | ~ | 63.6 | 66.3 |
| 1981 | 全国第三次人口普查 | 67.9 | 66.4 | 69.3 |
| 1990 | 全国第四次人口普查 | 68.6 | 66.8 | 70.5 |
| 2000 | 全国第五次人口普查 | 71.4 | 69.6 | 73.3 |
| 2005 | 世界卫生统计 | 73.0 | 71.0 | 74.0 |

资料来源：中国卫生部，2007，《2007年中国卫生统计提要》，2008年1月下载于北京，网址：http://www.moh.gov.cn/12.htm。

分地区来看，云南省1990年至2000年，预期寿命平均增加2岁，男性和女性增幅大致相当，但是在全国来说，绝对水平还属于预期寿命相对较低的省份（表1-3）。

表1-3：各地区人均预期寿命的比较（1990-2000年）

| 地区 | 1990 | | | 2000 | | |
|---|---|---|---|---|---|---|
| | 平均预期寿命 | 男 | 女 | 平均预期寿命 | 男 | 女 |
| 北京 | 72.86 | 71.07 | 74.93 | 76.10 | 74.33 | 78.01 |
| 天津 | 72.32 | 71.03 | 73.73 | 74.91 | 73.31 | 76.63 |
| 河北 | 70.35 | 68.47 | 72.53 | 72.54 | 70.68 | 74.57 |
| 山西 | 68.97 | 67.33 | 70.93 | 71.65 | 69.96 | 73.57 |
| 内蒙古 | 65.68 | 64.47 | 67.22 | 69.87 | 68.29 | 71.79 |
| 辽宁 | 70.22 | 68.72 | 71.94 | 73.34 | 71.51 | 75.36 |
| 吉林 | 67.95 | 66.65 | 69.49 | 73.10 | 71.38 | 75.04 |
| 黑龙江 | 66.97 | 65.50 | 68.73 | 72.37 | 70.39 | 74.66 |
| 上海 | 74.90 | 72.77 | 77.02 | 78.14 | 76.22 | 80.04 |
| 江苏 | 71.37 | 69.26 | 73.57 | 73.91 | 71.69 | 76.23 |
| 浙江 | 71.78 | 69.66 | 74.24 | 74.70 | 72.50 | 77.21 |
| 安徽 | 69.48 | 67.75 | 71.36 | 71.85 | 70.18 | 73.59 |
| 福建 | 68.57 | 66.49 | 70.93 | 72.55 | 70.30 | 75.07 |
| 江西 | 66.11 | 64.87 | 67.49 | 68.95 | 68.37 | 69.32 |
| 山东 | 70.57 | 68.64 | 72.67 | 73.92 | 71.70 | 76.26 |
| 河南 | 70.15 | 67.96 | 72.55 | 71.54 | 69.67 | 73.41 |
| 湖北 | 67.25 | 65.51 | 69.23 | 71.08 | 69.31 | 73.02 |
| 湖南 | 66.93 | 65.41 | 68.70 | 70.66 | 69.05 | 72.47 |
| 广东 | 72.52 | 69.71 | 75.43 | 73.27 | 70.79 | 75.93 |
| 广西 | 68.72 | 67.17 | 70.34 | 71.29 | 69.07 | 73.75 |
| 海南 | 70.01 | 66.93 | 73.28 | 72.92 | 70.66 | 75.26 |
| 重庆 | ~ | ~ | ~ | 71.73 | 69.84 | 73.89 |
| 四川 | 66.33 | 65.06 | 67.70 | 71.20 | 69.25 | 73.39 |
| 贵州 | 64.29 | 63.04 | 65.63 | 65.96 | 64.54 | 67.57 |
| 云南 | 63.49 | 62.08 | 64.98 | 65.49 | 64.24 | 66.89 |
| 西藏 | 59.64 | 57.64 | 61.57 | 64.37 | 62.52 | 66.15 |
| 陕西 | 67.40 | 66.23 | 68.79 | 70.07 | 68.92 | 71.30 |
| 甘肃 | 67.24 | 66.35 | 68.25 | 67.47 | 66.77 | 68.26 |

续表

| 地区 | 1990 | | | 2000 | | |
|---|---|---|---|---|---|---|
| | 平均预期寿命 | 男 | 女 | 平均预期寿命 | 男 | 女 |
| 青海 | 60.57 | 59.29 | 61.96 | 66.03 | 64.55 | 67.70 |
| 宁夏 | 66.94 | 65.95 | 68.05 | 70.17 | 68.71 | 71.84 |
| 新疆 | 62.59 | 61.95 | 63.26 | 67.41 | 65.98 | 69.14 |
| 全国 | 68.55 | 66.84 | 70.47 | 71.40 | 69.63 | 73.33 |

资料来源：国家统计局全国第四次、第五次人口普查资料。

我国妇幼保健水平逐年提高，2007年农村住院分娩率达到了88.8%（1985年仅为36.4%）；2007年和1991年相比，农村地区孕产妇死亡率下降了58.7%（图1-2）；2002年和1991年比较，婴儿和五岁以下儿童死亡率分别下降41.8%和42.8%，但是女童死亡率仍然高于男童。

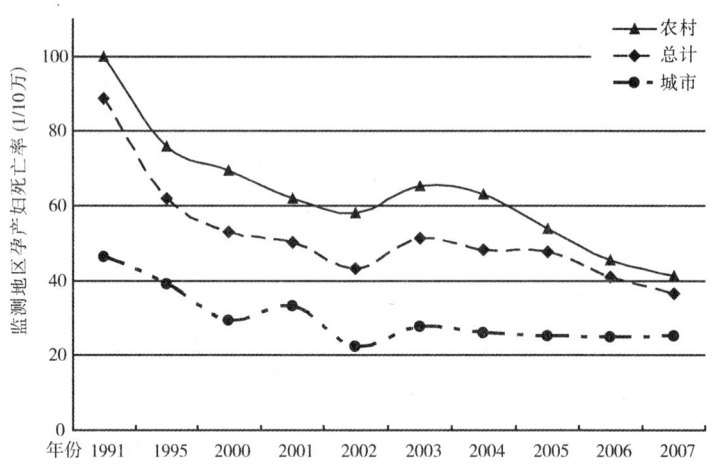

资料来源：中国卫生部，2007，《2007年中国卫生统计提要》，2008年1月下载于北京，网址：http://www.moh.gov.cn/12.htm。

图1-2：中国孕产妇死亡率变化（1991-2007年）

总体上说，我国妇女儿童得到的卫生服务还是低水平的，在广大农村地区，尤其是云南贫困地区，农村妇女儿童的卫生保健和教育工作还比较薄弱，还有很多基础性工作需要加强。云南山区贫困地区妇女的人力资源开发应该成为云南省扶贫工作与妇女发展工作的一个重点。

## 二、已有研究的概述

基于性别视角的人力资本研究已经取得了大量的成果，国外学者研究的一个代表性的综述可以参见 World Bank（2001a）。

从理论框架来说，近期的发展主要是基于 Becker（1965）的家庭生产理论演化而来的，经过 Singh, et al（1986）等的整理，提出了现代的农村家庭生产模型（以下简称"AHM 模型"）的分析框架。主要的思想体现在：家庭对于人力资本的投资主要是基于约束条件的家庭效用函数最大化行为来进行分配的，家庭人力资本投资的性别差异主要取决于男女的"资源禀赋"和"预期收益"。这个分析框架被已有的研究证明，具有较好的实证研究可操作性以及假设的可检验特征（Rosenzweig and Binswanger, 1993；Strauss and Beegle, 1996；Strauss and Thomas, 1998），虽然家庭内部博弈框架似乎假定更少，但是实证的检验比较困难（Pollak, 1985；高梦滔, 2005）。因此，本文实证研究也准备基于 AHM 这个理论框架。

从农村人力资本投资性别差异的实证研究来说，大量的研究发现发展中国家农村普遍存在的男女在教育投资上的差别，很大程度上可以由女性家庭分工地位和未来出嫁行为等加以解释（Quisumbing, 1996；Rosenzweig and Schultz, 1984；Schultz, 1985；Schultz, 1988）。由于女性生理上的优势，男性死亡率比女性要高一些；因而，一个国家的性别比率是影响性别歧视的一个重要指标，Sen（1990）的研究指出由于中国、印度和韩国过量的女性死亡率，使得这些地区大约有 6000 万~1 亿的妇女"消失"。获得食物的质量较差从而导致营养缺乏和获得的医疗保健条件较差是导致妇女"消失"的直接原因（Alderman and Gertler, 1997；Dasgupta and Ray, 1986；1987；Deaton, 2003）。但是公共政策的作用非常明显，斯里兰卡 30 年来的性别比例差异的显著下降，可以归因于政府对保健、教育和食物的公共提供，减少了家庭对于女孩的歧视倾向（Bardhan, et al. 1998）。

其他的一些重要研究也都指出了发展中国家普遍存在的人力资本投资方面广泛存在的性别歧视现象,例如 Pitt, et al(1990)发现印度的粮食价格波动导致的营养摄取不足对女性的影响显著高于男性,女性在面对粮价上涨方面更为"脆弱";Alderman and Gertler(1997)对巴基斯坦的研究发现,在控制其他条件不变的情况下,女性4周患病就诊的可能性小于男性,并且就诊的花费也比同等条件下的男性要低一些。对世界各地在营养和健康方面普遍存在的性别不平等的一个综述可以参见世界银行的《世界发展报告》(1993)。对于教育方面的性别不平等也有大量的研究成果(Behrman, 1997; Schultz, 1988; 2001; Strauss and Thomas, 1995; Vijverberg, 1993)。

总的来看,国外对于性别人力资本领域的研究相对较为成熟,主要体现在:第一、具有完整的理论框架,包括主流的 AHM 和博弈两种思路,前者经验上容易验证,后者则是假设更少一些;第二、对于人力资本投资性别差异的各种情形加以描述和分析;第三、对于人力资本投资性别差异原因的解释进行了大量尝试,并且得出了一些很有价值的结论,为发展政策广泛融入性别视角提供了理论和实证两个方面的有利证据。

国内这一领域的研究起步较晚,造成这种情况的一个主要的问题在于缺乏有效的性别统计数据基础。从《纲要》发布以后,我国才开始逐渐建立性别视角的统计口径。一个标志性的成果是中国国家统计局(2005)发布的若干性别发展统计指标的对比和汇编。国内研究者在性别人力资本投资领域也取得了一些成果,例如张车伟(2003)、魏众(2004)、高梦滔、姚洋(2004)、朱玲(2002)的研究都发现了在营养、健康和非农就业方面中国农村存在的性别差异。另一些研究则分析了在教育和非农就业方面中国农村存在的性别差异及其后果(陈春霞,2006;谭琳、蒋永萍、姜爱花,2006;谢霄亭、高梦滔,2004)。

从已有的研究成果来看,国内研究定性成果多、定量研究较少。对于西部山区农村人力资源性别差异缺乏有效的关注,尤其是对山区少数民族地区人力资源开发性别差异还缺乏有力的实证结果和经验证据,并且在人力资本投资的性别差异的计算与分解方面较为欠缺,因此既无法刻画山区人力资本投资性别差异的完整现象,也缺乏政策干预的实证基础。

## 三、本书的研究目的与结构概述

综上所述,我们发现:新中国成立以来,虽然在减少人力资源性别差异方面取得了很大成效,但是贫困山区农村(尤其是少数民族地区)依然是性别视角关注的重点,但国内已有的研究在这一领域相对较少。因此我们通过对云南省山区农村贫困地区的问卷调查和数据分析,力图对山区人力资源开发性别差异的现状和原因进行分析,为缩小这些地区的性别差异提出相应的政策建议。我们课题组定义的人力资源(人力资本)主要包括三个方面的内容:营养/健康、教育、外出就业。其中健康和教育是本研究关注的重点。本报告分为七个部分加以展开:第二章介绍本研究的理论框架 AHM 及其计量建模含义、样本基本情况、数据的基本描述统计;第三章利用人体测量学指标计算营养方面的性别差异;第四章对于四周患病和就诊情况的性别差异进行比较,并且初步分析"新型农村合作医疗"制度的效果;第五章和第六章关注教育的性别差异,第五章关注成人教育的差异,第六章关注青少年教育的差异。成人因为难以回溯当时的社会经济背景,因此以描述统计和差异分解为主;青少年教育主要关注于"辍学"问题;第七章集中于分析山区青年外出就业的影响因素和性别差异。第八章综合前面的研究结论并提出相应的政策建议。

# 第二章 理论框架与数据描述

以 Grossman（1972）的开创性研究为起点，教育和健康被视为家庭生产函数的一项产出。Singh，et al（1986）提出的 Agricultural Household Models（以下简称"AHM"），将 Grossman 家庭生产函数纳入了家庭生产和消费决策的一般分析框架，这是目前西方主流经济学界经验研究的一个重要理论基础，本文农户医疗保健与教育需求函数的理论基础也来源于此。

## 一、AHM 理论模型及其计量含义

本文为了表达清晰，利用分号隔开内生变量与外生变量（以下都照此处理）。根据 AHM 模型，一个典型农户的效用函数可以表示为：

$$U = U(\cdot) = U(c, T_l, H; exo_u) \tag{2.1}$$

在式中，$U(\cdot)$ 为农户效用函数，具有通常的良好性质，并且设定为非博弈的单一家庭模型效用函数；农户消费品分为用于生产健康（或教育）的物品和其他消费品 $c$，$c$ 为健康（或教育）消费品之外的其他消费物品，由两个部分构成 $c = c_m + c_h$，$c_m$ 为市场购买消费品，$c_h$ 为家庭生产的消费品。生产健康（或教育）的物品不直接进入效用函数，而是通过健康（或教育）影响效用[①]；$T_l$ 为"闲暇"；$H$ 为家庭成员健康（或教育）水平；$exo_u$ 为效用函数中的其他外生和环境变量向量。

式（2.1）中，健康（或教育）$H$ 是通过 Grossman 意义的家庭生产函数

---

① 这只是为了分析方便的设定，对一些物品来说和的区分并不是太明确。

提供产出，农户投入两种物品：生产时间 $T_h$ 和投入品 $n$ 进行健康（或教育）生产，并假定 $n$ 只能从市场购买。健康（或教育）生产函数表为式：

$$H = H(\cdot) = H(n, T_h; \text{exo}_h, e_h) \tag{2.2}$$

在式（2.2）中，$H(\cdot)$ 为具有通常良好性质的健康生产函数；$n$ 表示健康投入品向量；$T_h$ 表示家庭用于健康生产的时间；$\text{exo}_h$ 表示健康生产函数的外生和环境变量向量；$e_h$ 表示包含测量误差（Measurement Error）的未知的健康异质性。

消费品 $c_h$ 由家庭生产，假定有两种投入要素：劳动时间 $T_w$ 和健康（或教育）$H$，则家庭的产出 $c_h$ 由生产函数式（2.3）决定

$$c_h = c_h(\cdot) = c_h(T_w, H; \text{exo}_{ch}) \tag{2.3}$$

在式（2.3）中，$c_h(\cdot)$ 中，为通常定义良好的生产函数；$\text{exo}_{ch}$ 为 $c_h$（·）生产函数的外生与环境变量向量。在完全竞争和要素市场完备的假定下，$T_w$ 的边际产品价值 $MVP_{Tw} = P_c \partial T_w$ 等于市场劳动工资 $w(\cdot)$，这个工资水平 $w(\cdot)$ 取决于家庭成员的劳动边际生产率 $\partial c(\cdot) \partial T_w$，因此也存在 $w = w(\cdot) = (T_w, H; \text{exo}_w)$，$w$ 的外生变量向量 $\text{exo}_w$ 和 $\text{exo}_{ch}$ 有部分不同。外出就业与家庭生产的劳动是同质的，因此 $T_w$ 视为外出就业工资收入与投入家庭消费品的时间总和。

家庭的时间分配受家庭总时间禀赋约束，表达为式：

$$T = T_w + T_l + T_h \tag{2.4}$$

式（2.4）中，$T$ 为家庭总的时间约束。$T$ 由三部分构成：闲暇时间 $T_l$、家庭健康生产时间 $T_h$ 和生产与外出就业的时间 $T_w$。

家庭现金表达的预算约束表达为式（2.5）：

$$P_c c + p_n n = w T_w + V \tag{2.5}$$

式（2.5）中，$p_c$ 为消费品的价格向量；$P_n$ 为健康投入品 $n$ 的价格；$V$ 为非劳动的财产或者馈赠性收入，$w$ 为工资（对外输出劳力）或者劳动的边际产品价值（自己生产产品出售）。

将式（2.4）和（2.5）合并，并且带入 $c = c_m + c_h$ 进行变换，得到家庭的总约束条件式（2.6）：

$$P_c \cdot c + T_L \cdot w = \underbrace{(p_c \cdot c_h - P_n \cdot n - T_h \cdot w)}_{\pi h} + T \cdot w + V \tag{2.6}$$

式（2.6）中，左边为消费物品和闲暇的货币价值。右边表达完全的资源禀赋货币价值，分为三个组成部分：$P_c \cdot c_h - p_n \cdot n - T_h \cdot w$ 是家庭生产健康获得的利润 $\pi_h$，$T \cdot w$ 是全部家庭成员时间禀赋的货币价值，$V$ 是财产与馈赠收入。

家庭的效用函数式（2.1）服从于约束条件式（2.6），最优化行为表示为式（2.7）：

$$\begin{cases} \max\limits_{c_m,c_h,T_l,T_h,n} U = U(c, T_l, H; \exp_u) \\ s.t. \ p_c \cdot c + T_L \cdot w = (P_c \cdot c_h - P_n \cdot n - T_h \cdot w) + T \cdot w + V \end{cases} \quad (2.7)$$

利用古典方法求解式（2.7），假定存在内点解，获得最优化一阶条件方程组。在均衡条件下可以得到式（2.8）：

$$\text{Shadow price} = \frac{\partial U}{\partial H}\frac{\partial H}{\partial n} = \lambda \left[ p_n - T_w \left(\frac{\partial w}{\partial H}\frac{\partial H}{\partial n}\right) - pc \left(\frac{\partial c_h}{\partial H}\frac{\partial H}{\partial n}\right) \right] \quad (2.8)$$

在式中，$\lambda$ 表示收入边际效用。式（2.8）表明，健康投入的影子价格 $\frac{\partial U}{\partial H}\frac{\partial H}{\partial n}$ 现在受到偏好的影响，不能视为外生变量①。因此，式（2.7）就无法满足一般的递归（Recursive）条件的假定②，从而对消费和健康生产问题必须联立求解，所以在估计时间分配问题上就必须考虑结构方程（Structure Form），而这也是无法简单地使用简约形式（Reduced Form）计量模型进行处

---

① 一种情形例如健康投入增加，提高工资，从而降低了健康投入品影子价格，使得更多使用这种投入品。并且对于健康状况不同的人群而言，健康影子价格也不一致；或者人群本身不同年龄的改变也会改变健康投入的影子价格。

② 递归求解假定生产决策独立于消费，则可以先最大化式（2.6）中的健康生产利润 $\pi h$，然后将 $Max\ \pi h$ 带回约束条件，然后最大化直接效用函数。在本文设定中，递归条件无法满足的直接根源在于"健康"直接进入了效用函数式（2.1），从而消费和生产决策取决于同一个最优策略。从直觉上说，健康进入效用函数带来的问题是：对于健康的评价总是依赖于主观的"影子价格"而非外生的市场价格。本文设定的完全竞争和要素市场完备的假定并非必要，只是为了分析问题的方便。另一方面，健康间接进入效用函数也是一样的结果，设健康不直接进入效用函数式（2.1），而是通过式（2.3）的生产函数 $\{h[H(\cdot)]\}$ 间接进入效用，则一阶条件式（2.8）中健康投入的影子价格 $\frac{\partial U}{\partial H}\frac{\partial H}{\partial n}$ 变为 $\frac{\partial U}{\partial C_h}\frac{\partial C_h}{\partial H}\frac{\partial H}{\partial n}$，依然不满足递归条件，这只不过是复合函数求导法则的简单应用，有兴趣的读者可以自行证明。但是健康作为投入品间接进入效用函数，不满足递归条件更为本质的原因在于：作为投入品的健康，不存在市场，无法从市场上购买，而只能是家庭配置一定的时间来生产，从而通过时间配置影响效用函数，这类似标准 AHM 模型中，要素市场不完善而从而导致递归条件不能满足的情形。

理的原因所在，这也正是20世纪80年代后期大量劳动经济学和发展经济学经验研究的主流文献致力于解决的焦点问题。对间接效用函数利用Roy定律变换，得到健康投入的条件要素需求函数①，将健康投入品表示为外生变量的函数，得到式：

$$n = n(\cdot) = n(exo_n) \qquad (2.9)$$

根据Roy定律，式（2.9）的外生解释变量集合$exo_n$是式（2.9）全部的外生变量集合的并集。因为式（2.9）表示的医疗服务需求是外生变量的函数，也就是本文需要估计的医疗服务条件要素需求函数的理论背景。式（2.9）具体包含的解释变量包括三组：1. 效用函数的外生变量，主要有价格、教育和其他家庭背景、人口学特征、文化和偏好、收入与资产；2. 健康与教育生产函数的外生变量，主要有公共卫生环境、家庭健康背景和健康天赋、健康的测量误差$e_h$；3. 家庭生产函数特有的外生变量，包括电力交通等基础设施、观察不到的家庭生产禀赋。

## 二、数据来源与基本描述统计

本文研究使用的数据库来自于云南省民委和云南民族大学"新农村建设研究"项目。调查的时间是2006年7月—8月，农户抽样调查的问卷涵盖了收入、消费、人口学特征、人力资本、基础设施和村庄民主等广泛的方面。调查方法是把云南省划为经济、社会发展水平三分组的地州市基础上进行多阶段PPS（概率比例）抽样。一共获得有效的村问卷150份、户问卷1425份，涉及5822个个人。样本数量和分布情况参见图2-1：

---

① 生产函数式（2.3）的测量误差项$e_h$没有理由和经验证据认为和条件要素需求函数式（2.9）相关，因此不出现在式（2.9）中。

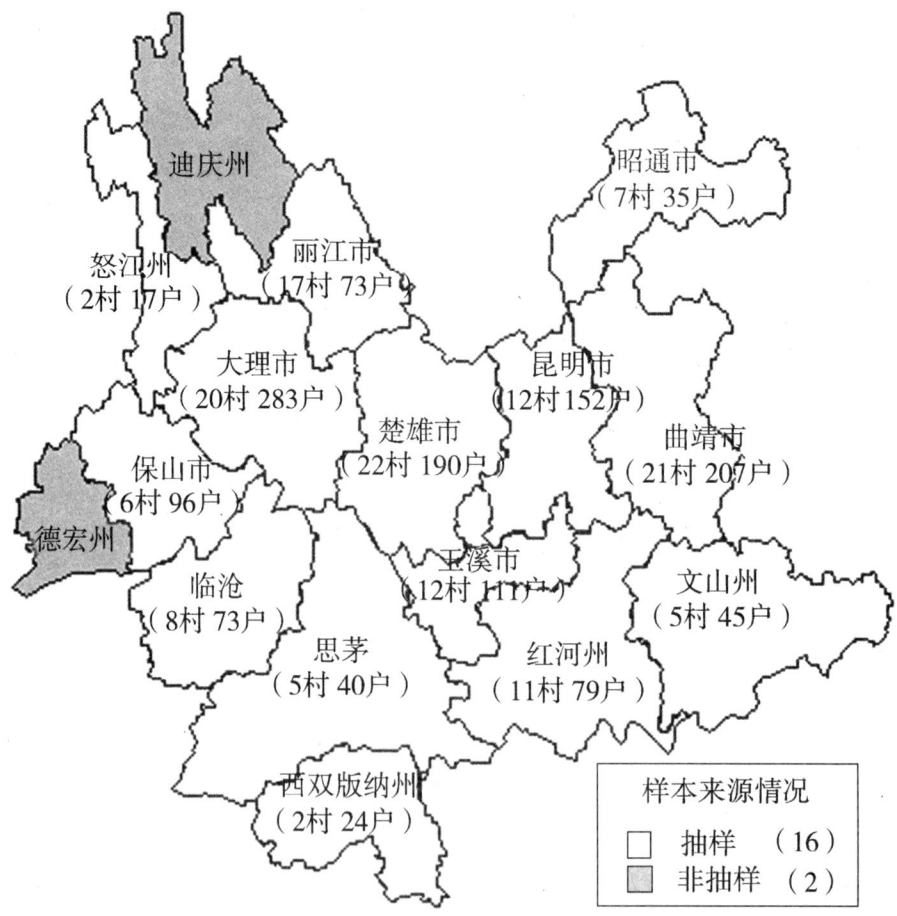

图2-1：云南省"新农村建设"项目数据来源与分布结构

云南属于西部多民族贫困省份，山区面积占70%以上，山区中间的平地称为"坝区"，"坝区"往往是城市所在地，经济相对发达。样本中，山区人口比例为59.2%，少数民族人口居住在山区的比例要显著地高于汉族人口。样本人群的性别、年龄结构人口金字塔如下（图2-2）：

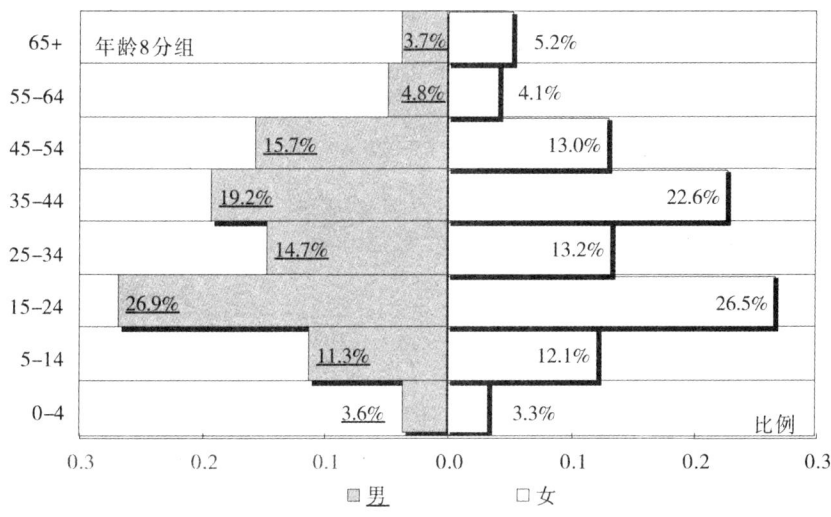

图2-2：样本人口金字塔

云南是一个多民族省份，2006年末，全省少数民族人口占总人口的34%左右，有1500多万人（云南省统计局，2007b）。在我们的样本中少数民族人口占了57%，主要的样本民族结构参见图2-3：

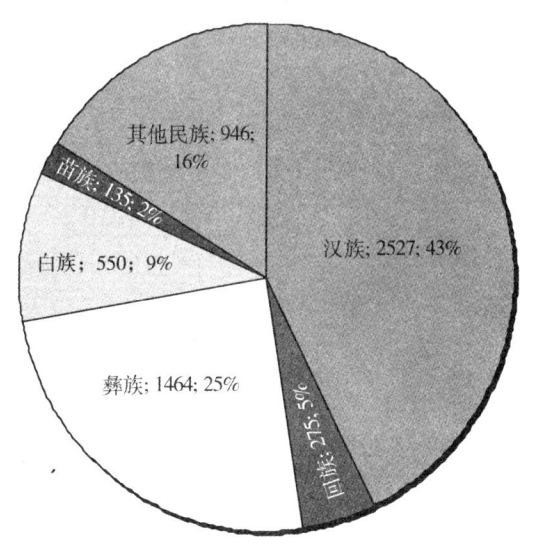

图2-3：样本民族结构

从居住情况来看，样本中，苗族、彝族和其他少数民族在山区居住比例较高，而汉族、白族和回族则在坝区居住比例相对较高一些。在全部样本中，在山区居住的人数比例为59.2%（图2-4）。

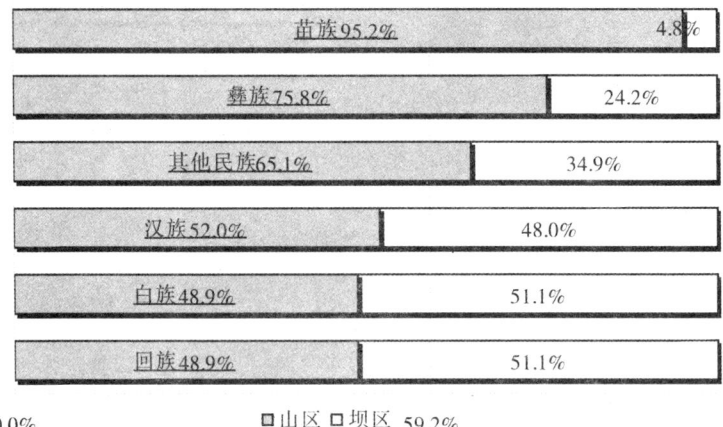

图2-4：不同民族样本人群聚居地形情况

样本人群人均总收入平均为3149元，人均消费为1197元。各个地州的收入/消费情况按照收入升序排列的情况参见表2-1；我们样本的人均收入与人均消费水平和同期全省的统计相比较，略低一些，云南省2006年农户人均总收入和人均消费分别为3593.60元和2195.64元（云南省统计局，2007b）

表2-1：各州市样本户人均总收入与人均消费情况

| 指标 | 人均总收入（元） | | | 人均消费（元） | | |
| --- | --- | --- | --- | --- | --- | --- |
| 地州市 | 均值 | 标准差 | 变异系数 | 均值 | 标准差 | 变异系数 |
| 临沧 | 1722.97 | 2072.75 | 1.20 | 748.94 | 504.08 | 0.67 |
| 红河 | 1908.51 | 1686.57 | 0.88 | 1007.06 | 1150.50 | 1.14 |
| 文山 | 1964.26 | 1836.37 | 0.93 | 1297.18 | 1394.17 | 1.07 |
| 楚雄 | 2266.90 | 2807.28 | 1.24 | 792.20 | 733.76 | 0.93 |
| 大理 | 2624.57 | 3650.44 | 1.39 | 1219.85 | 1450.41 | 1.19 |
| 曲靖 | 2688.57 | 6362.77 | 2.37 | 1240.86 | 2198.54 | 1.77 |

续表

| 指标 | 人均总收入（元） | | | 人均消费（元） | | |
| --- | --- | --- | --- | --- | --- | --- |
| 地州市 | 均值 | 标准差 | 变异系数 | 均值 | 标准差 | 变异系数 |
| 版纳 | 2949.55 | 2401.01 | 0.81 | 2247.52 | 2198.09 | 0.98 |
| 保山 | 3128.15 | 2870.42 | 0.92 | 1256.12 | 1701.89 | 1.35 |
| 怒江 | 3630.56 | 3241.21 | 0.89 | 2054.17 | 1304.22 | 0.63 |
| 玉溪 | 4116.40 | 9301.72 | 2.26 | 945.86 | 1489.89 | 1.58 |
| 昭通 | 4184.94 | 9180.36 | 2.19 | 2034.07 | 3770.39 | 1.85 |
| 昆明 | 4955.39 | 13472.58 | 2.72 | 1594.96 | 1984.54 | 1.24 |
| 思茅 | 4987.03 | 7274.23 | 1.46 | 1659.85 | 1793.70 | 1.08 |
| 丽江 | 5233.23 | 16912.61 | 3.23 | 675.40 | 771.63 | 1.14 |
| 合计 | 3149.25 | 7536.21 | 2.39 | 1197.33 | 1703.58 | 1.42 |

从收入的差距来看（以变异系数 CV 测量），收入差距较大的州市有丽江、昆明、曲靖和玉溪。

分地形来看，坝区样本人群的人均收入和消费都要高于山区人群，并且人均收入和人均消费的分布与均值比较都显示出这种差别在统计上非常显著（图 2-5）。

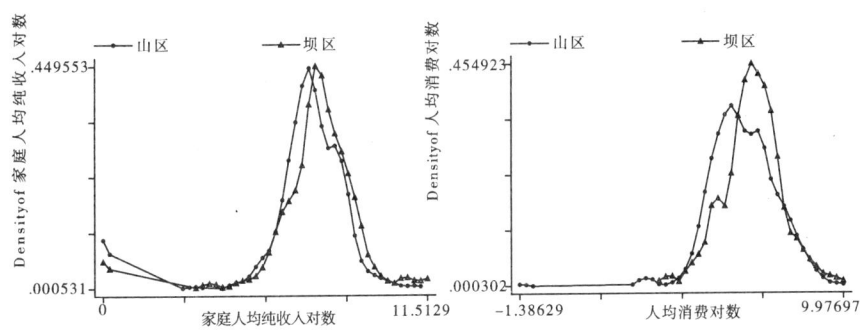

注：人均收入对数分布比较的 KS 检验 D 值为 0.1797，p 值为 0.000，均值检验 t 值为 6.4359，p 值为 0.000；人均消费对数分布比较的 KS 检验 D 值为 0.2035，p 值为 0.000，均值检验 t 值为 7.9568，p 值为 0.000。

图 2-5：山区与坝区样本人群人均收入和消费非参数核密度比较（Epanechnikov 核）

从样本人群的职业分布情况来看，57%的样本人群从事种植业，外出就业人群的比例平均为9.5%，无业或者家务劳动的比例为14.5%。

## 三、第二章小结

本章主要介绍了全书分析的理论框架和样本基本情况。从理论框架来说，我们采用新古典的AHM基础模型，并且导出了相应的健康与教育投资需求函数。这个计量模型的含义较为清晰，并且理论给实证估计指明了可能的工具变量，为下面的分析提供了有利的经验建模基础和估计指导。

从样本的基本情况来看，我们的样本几乎覆盖了云南省全部的州市，对云南农村具有很好的代表性。值得注意的两个方面在于：第一，我们样本人群中，少数民族人口比例高于全省平均水平；第二，我们样本人群的人均收入和消费都低于全省同期水平。综合来说，本章中的数据更多针对的是云南山区贫困地区农户。

# 第三章 营养的性别差异分析

营养和健康是人力资源的重要组成部分,尤其是对于妇女而言,营养和健康还关乎整个国民后代的身体素质。营养不良是在发展中国家普遍存在的问题,尤其是对于穷人和脆弱群体来说更为严重。一般而言,典型的营养不良是由于食品的缺乏以及身体受损无法有效吸收营养而导致的。营养不良是导致低体重、智力受损、发育迟缓等问题的罪魁祸首。

关于营养不良的研究思路有两种,其一是直接详细调查一段时期内农户的膳食结构,计算热量和微量元素等的情况,通过热量表计算实际的热量与微量元素摄取情况;其二是利用人体测量学(Anthropometrics)指标(身高、体重等)进行评价,将人体测量学指标视为营养投入的人体生产函数结果。第一种方法相对更为准确,但是调查较为困难和昂贵,质量也很难保证(Alderman, 2000)。第二种方法较为简便易行,并且已经具备一套成熟的评价标准,因此本课题的问卷设计采用人体测量学方法对农村贫困地区人群营养的性别差异进行分析。

已有的大量研究发现,发展中国家普遍存在营养方面的性别不平等现象(文献回顾参见本报告"已有的研究概述"部分)。一个较为全面的文献综述可以另见(Strauss and Thomas, 1998)。国内研究者对这一方面的关注较少,值得提及的成果包括朱玲、蒋中一(1994)利用直接的膳食结构调查对于以工代赈项目对贫困农户营养状况改善的研究;张车伟(2003)利用BMI指数测量农民营养状况改善对于农户种植业劳动生产率改善的研究。但是这些研究没有深入对比营养状况的性别差异,也缺乏可比性的指标结构。本报告集中于利用人体测量学指标分析云南农村贫困地区营养指标显示的性别差异。本章下面的论述包括四个部分:1. 人体测量学基本方法和指标介绍;2. 样本人群人体测量学指标显示的营养状况描述；3. 营养方面性别不平等的分析与计算；4. 第三章小结。

# 一、人体测量学（Anthrometrics）基本方法介绍

人体测量学指标对于个体层面和群体层面的营养状况都非常有用，并且可以很好地比较不同社会、地区群体间的营养不良状况。通常的人体测量学指标包括：身高、体重、性别与年龄及其某些组合变量。

这些指标使用的难点在于可比性问题，也就是身高与体重必须和年龄与性别族群进行一个标准化过程生成可比指标，即必须和某个健康的人群该项测量结果进行比较才有意义（WHO，1995）。常用的测量学指标包括[①]：

❖ Weight – for – height（W/H）：体重与身高的比例，主要反映短期的营养状况，不要求年龄标准化，主要用于孩子当前营养状况的比较。但是已有的研究指出，低的 W/H 不一定表示营养不良，可能混杂了其他因素。

❖ Height – for – age（H/A）：年龄标准化身高，主要反映长期的生产曲线，矮小反映了长期的营养不良和疾病困扰问题。缺点是不能反映短期的营养变化。

❖ Weight – for – age（W/A）：年龄标准化体重。综合反映了长期和短期的营养与健康状况。但是混杂了其他因素，不太容易明确解释指标含义。

❖ Body – mass – index（BMI）：身体密度指数。BMI = 体重（千克）/身高（米）平方。主要反映成年人（20 岁以上）的营养缺乏（或者超重情况）。

其他常用的指标还有"上臂粗"与"皮肤褶"等，本文限于调查的经费和样本结构主要采用 H/A，W/A 和 BMI 三项指标进行分析。因为这些指标绝对的比较几乎没有意义，必须和某个健康组对比才可以使用。我们采用 WHO2000 年的标准，利用 Epiinfor 软件计算这三个指标的 Z 分数[②]。具体来说

---

① 因为国内文献目前缺乏对于这些指标的公认译法，本文的中文翻译仅仅作为参考，论述的时候直接使用英文名称。

② 这个方法的健康人群组是美国国家健康统计中心（NCHS）提供的美国各年龄段、分性别人群。在这个样本是否适用于发展中国家的数据还有争议，但是目前是普遍接受的标准。这种比较计算手工无法完成，必须通过内置 NCHS 数据的 WHO 软件才可以实现。

是我们样本的测量学指标在具体年龄性别组上的均值减去对照组人群的相应均值，并且除以对照组人群相应的标准差。根据统计理论，一般的判别标准是：这个 Z 分数小于 -2，则认为这部分人群存在营养不良的情况，当然，需要综合考虑三种测度方法。这样处理的好处在于，这个 Z 分数对于样本的全部人群都是可比的，不用顾及性别和年龄问题了。

## 二、样本人群人体测量学指标显示的营养状况描述

我们分别计算 H/A，W/A 和 BMI 的 Z 分数，并且按照 WHO 建议的标准进行了数据清理，将三个 Z 分数非参数核密度分别和标准正态曲线（表示对照组人群的分布）对比，描述我们样本人群的总体营养情况，结果参见图 3-1：

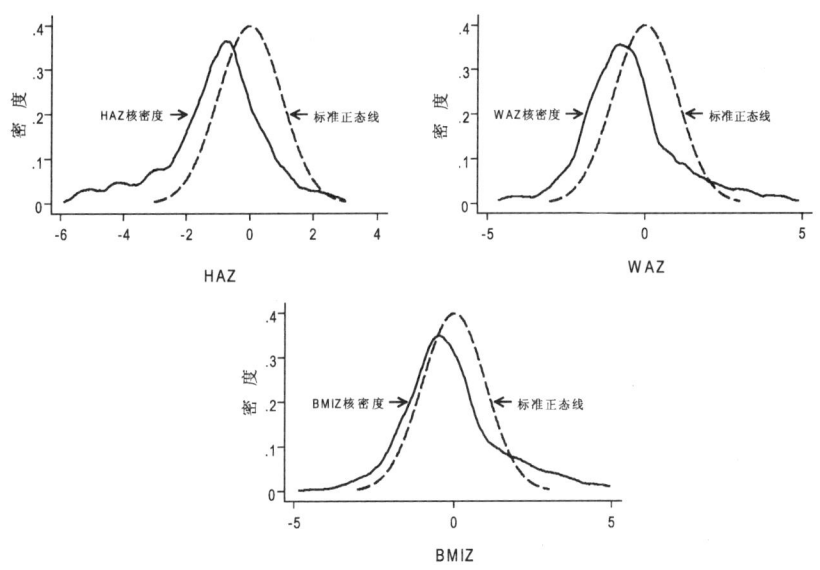

图 3-1：样本人群营养指标 Z 分数分布情况

图 3-1 的结果显示出，我们样本人群的营养状况和对照组相比，总体上都呈现出向左的不利偏移，即三个指标都反映出样本人群的营养比例要高于对照组人群。尤其是 HAZ 和 WAZ 两项指标更为明显。这些人体测量学指标

之间的关系，借助散点图列示如下（图3-2）：

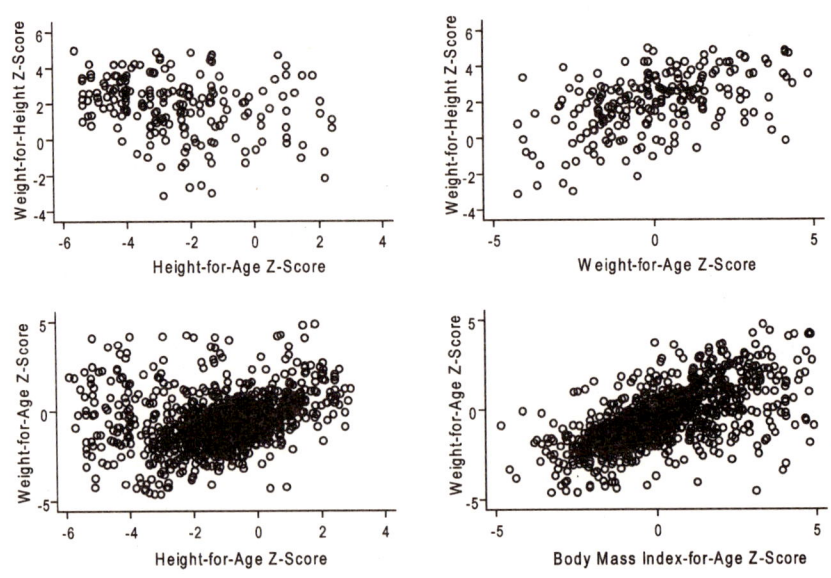

图3-2：三个人体测量学指标之间的相关关系

图3-2的结果显示出，我们采用的H/A，W/A和BMI的Z分数之间，彼此存在明显的正相关关系，这三个指标对于营养状况的结论是一致的。而W/H这个短期孩子的健康指标，因为样本较少，和H/A指标之间关系不明朗，因此本文主要结论不考虑H/A指标。

下一节我们利用H/A，W/A和BMI三个指标比较性别视角的营养状况差异。

# 三、营养方面性别不平等分析与计算

首先，我们利用核密度方法比较样本男女的三项营养指标Z分数的分布，结果参见图3-3：

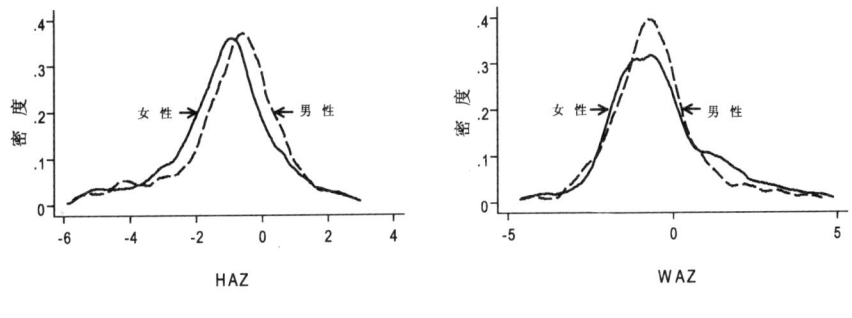

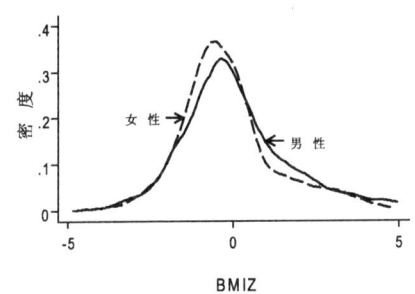

图3-3：样本男女营养指标Z分数比较

图3-3的结果显示出，在三项指标上，样本人群营养状况都显示出明显的性别差异，女性的营养状况普遍比男性要差一些（女性分布向左偏移）。从图形上直观的看，HAZ一项偏移较多，但是正式的Kolmogorov-Smirnov检验结果显示出，女性的三个指标的位移在统计上都非常显著（1%水平），这说明我们样本中确实存在营养的性别"歧视"，与男性相比，女性的营养与健康状况更为不利。

从最为常用的成人营养指标BMI来看，女性营养的不利地位似乎更为明显，我们样本20岁以上的男女BMI分布比较参见图3-4：

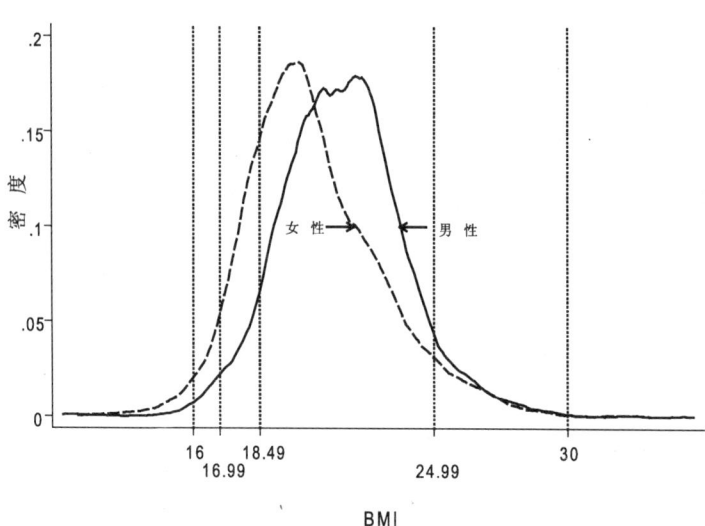

图3-4：20岁以上人群男女BMI分布比较

在图3-4中，横轴的若干标记具有重要意义，按照WHO的标准，这些划分的标准主要含义参见表3-1：

表3-1：BMI划分标准（适用于20岁以上成人）

| BMI范围 | 含义 |
| --- | --- |
| <16 | 3度消瘦 |
| 16-16.99 | 2度消瘦 |
| 17-18.49 | 1度消瘦 |
| 18.5-24.99 | 正常值 |
| 25-29.99 | 超重 |
| >30 | 肥胖 |

资料来源：WHO专家委员会。

从图3-4来看，性别差异显著存在，女性消瘦（Thinness）的比例要显著高于男性，特别是集中在1度消瘦的比例，女性更高一些。样本中，超重和肥胖人群的比例较小。

从标准的收入五等分组比较来看,在各个收入组别上,女性的营养状况都显著较男性差一些,并且没有伴随收入变化的显著特征(图3-5)。在控制了收入以后,观察各个年龄组的差别,高收入组的性别差异要小一些,但是分收入和年龄组别的性别差异也没有显著的规律,并且似乎更为年轻组别的性别差异还要更突出一些。这种现象主要是因为成人营养状况是一个长期形成的结果,我们的问卷提供的仅仅是截面数据,无法回溯长期的收入水平,这种比较仅仅是试探性的。

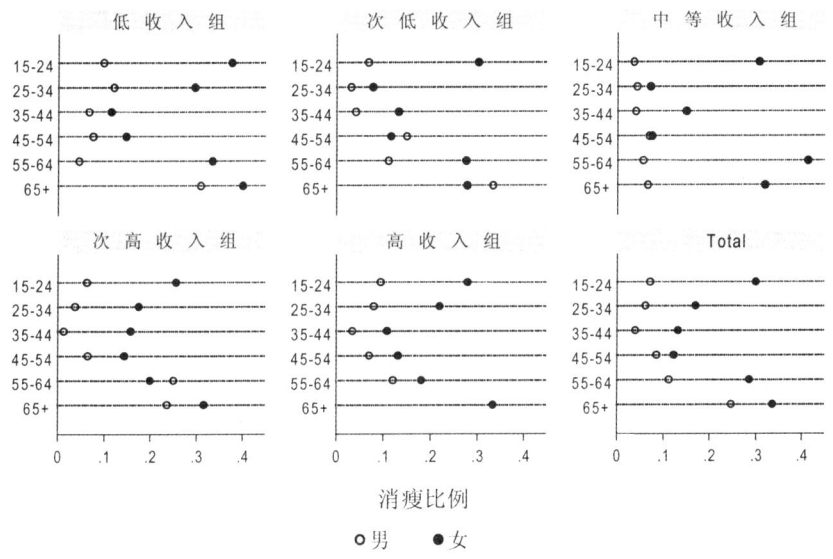

图3-5:收入5等分组消瘦比例的性别比较

注:消瘦比例指1-3度消瘦人数合并占每组总人数的比例。

HAZ和WAZ更多的用于孩子(20岁及以下人群)的营养状况评估,分年龄组来看,HAZ小于-2的比例在各个年龄组的收入组别上显示出不同的特征(图3-6);呈现出越是低收入组别性别的差异越大,并且0~4岁组的收入性别差异反而较之高年龄组别有所扩大。这与已有的一些其他国家的研究结果相吻合(Deaton,2003)。

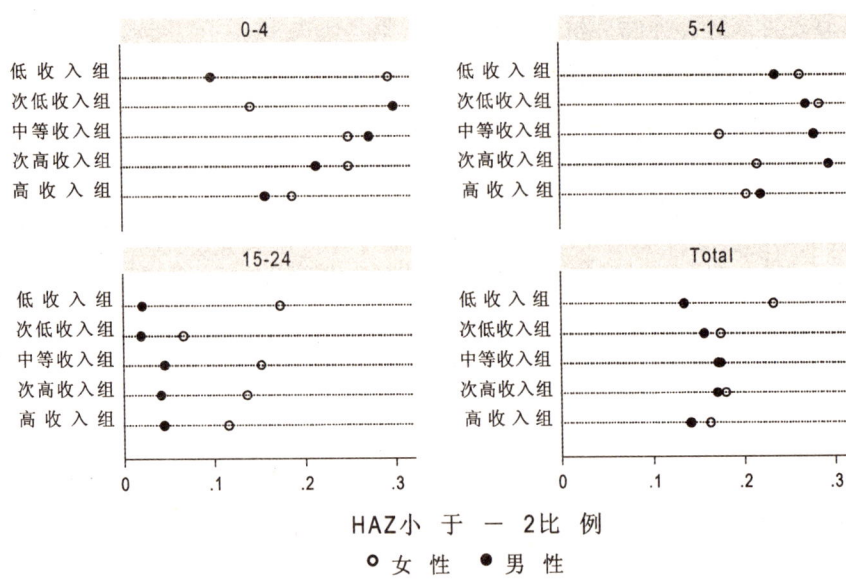

图 3-6：HAZ 小于 -2 比例的年龄收入分组性别差异比较

因为 Z 分数仅仅是和对照组比较而言的一种分布差异，本身并不存在明显的含义（基数含义），通常计算不平等的方法不能够直接应用，因此本文对于营养状况性别差异的研究也仅仅是试探性的描述统计。对于进一步的分解在现有技术条件下还难以展开。

## 四、第三章小结

综合上节的结果，我们发现营养的性别差异有三个特征：第一，无论使用哪一种人体测量学指标都显示了营养的性别差异普遍存在这一个特点；第二，无论从成人的营养状况还是孩子的营养状况来看低收入人群的营养性别差异要显著高于高收入人群；第三，控制了收入组别以后，在低龄组中，孩子的营养状况性别差异似乎还有拉大的趋势，尤其是在低收入组别，这可能解释了目前扶贫政策中性别视角的缺乏以及营养扶贫政策的缺位问题。

# 第四章 四周患病与就诊的性别差异[①]

健康的另一项重要投资是疾病的治疗与恢复,本章从四周患病的就诊与花费情况考察样本农户的健康人力资本投资性别差异情况。中国农村医疗卫生改革的一个重要大背景就是新型农村合作医疗制度的推行,本章的分析建立在这个大的背景之下,结合新型农村合作医疗制度分析健康投资的性别差异。

中国从2003年开始的新型农村合作医疗(以下简称"新农合")试点工作,是首次由政府主导的,建设农民医疗保障的一个重要里程碑[②]。"新农合"试点至今近6年,已经深入民心,为更多的农户提供了医疗保障,有效减轻农户因病致贫、因病返贫的现象。这在现阶段中国医疗改革总体尚未完善的大环境中,是最为美丽的一道风景。截止到2006年底,全国已有1451个县(市、区)开展了新型农村合作医疗,覆盖人口为5.08亿人,4.10亿农民参加了合作医疗,参合率为80.7%。参合农民就诊率和住院率均明显提高,就医经济负担有所减轻,新型农村合作医疗制度得到农民群众的广泛拥护。2006年全国共补偿参加新型农村合作医疗的农民2.72亿人次,补偿资金支出合计为155.81亿元(中国卫生部统计信息中心,2007)。

从较为权威的1998年"第二次全国卫生服务调查"和2003年"第三次

---

[①] 本章曾摘要发表。见高梦滔、谢霄亭:《新型农村合作医疗保障农户就医:云南的经验证据》,载云南省社会科学界联合会编:《建设富裕民主文明开放和谐云南》,昆明,云南人民出版社,2007年。

[②] 新型农村合作医疗制度是由政府组织、引导、支持,农民自愿参加,个人、集体和政府多方筹资,以大病统筹为主的农民医疗互助共济制度。见卫生部、财政部、农业部,《卫生部、财政部、农业部关于建立新型农村合作医疗制度的意见》,载卫生部基层卫生与妇幼保健司主编:《农村卫生改革与发展文件汇编》,33-38页。

全国卫生服务调查"结果对比来看,"新农合"的试点大幅度降低了农户没有医疗保障人群的比例,尤其是惠及贫困人群效果突出(图4-1)。

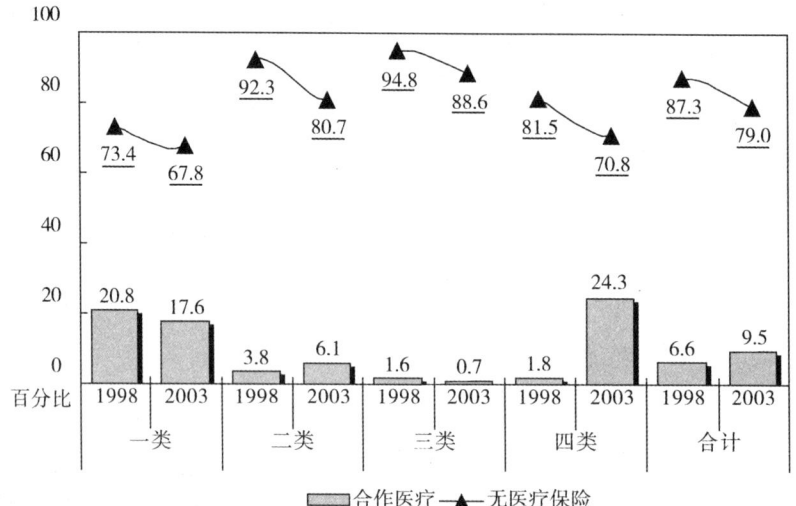

图4-1:农户医疗保障覆盖情况变化(1998—2003)①

"新农合"试点使得最为贫困的"四类"农村群众中没有医保的比例从1998年的81.5%下降到了2003年的70.8%,"四类"农村②群众参加"新农合"的比例在试点第二年就达到了近1/4,为缓解农户健康风险提供了重要保障。

从长期来看,"新农合"制度对于提高人民素质、减少城乡社会保障制度差异、解决农户因病致贫、因病返贫问题具有重要意义;短期来说,"新农合"的目标是促进农户就医,缓解健康风险的冲击。长期效果的评价是一个较为长远的目标;在"新农合"试点5年之际,对于其短期效果的一个初步评价具有重要现实意义。国内学界对于"新农合"的研究颇多,绝大部分已

---

① 根据中国卫生部《2006中国卫生统计年鉴》的数字整理绘制,来源于中国卫生部网站。
② 全国卫生服务调查根据社会经济多个指标进行综合分类,把农村分为四类地区,即一类(相当于富裕农村)、二类(小康)、三类(温饱)和四类农村(贫困)。根据上述分类,将各省、自治区、直辖市的每一个市、县均分列在不同地区类别。本文中凡谈及"四类"农村的指标,均就这个分类标准而言。

有的研究工作以定性研究和个案分析为主[①]，至今缺乏在大尺度上对"新农合"短期效果严格定量分析的成果，特别是"新农合"对于农户就诊影响的性别视角分析。这些研究工作发现：各地的试点方案和实施办法非常多样，并且存在一些不合理的制度安排，例如：胡苏云（2006）指出新型农村合作医疗制度设计旨在减少这种风险，但具体制度设计中对穷人的医疗干预效果仍然有很大局限，今后要从健康理念、医疗保险、医疗服务和政府作用角度加以完善；汪宏等（2005）研究发现，低的补偿率或高的共付率将使那些富裕或健康的农民比那些穷的或患病的农民从制度中获得更高的利益。高梦滔和王健（2004）在对云南省新型农村合作医疗试点县的研究中发现，新型农村合作医疗的操作显示出富裕农民在医疗服务的利用和补偿方面有优越权。同时，他们也发现富裕的镇比贫穷的镇有更好的医疗服务的可及性，并且能够获得更高的补偿额。

"新农合"的建设是个长期的过程，目前在我国还处于试点阶段，很多方面还不完善，"多样性"是其根本的特征之一；因此实证分析"新农合"试点的短期效果究竟如何，对于今后的政策指导和推广具有迫切的现实意义。本文利用云南的农户微观数据对西部农村地区"新农合"对于促进农户，特别是女性就诊的影响进行实证研究。

# 一、患病就诊基本情况

在我们的样本中，拥有"新农合"保障的人群占33.7%；没有任何医疗保障的人群占50.4%；另有15.9%的人群享受公费、劳保医疗、其他类型的商业医疗保险和医疗救助。不同收入水平的人群，医疗保障覆盖率存在很大差别（表4－1）。

---

[①] 这些研究主要见于《卫生经济研究》、《中国卫生经济》和《卫生软科学》等以公共卫生研究视角为主的学刊，研究者以公共卫生领域的学者为主。

表4–1：收入5分组的医疗保障制度结构

| 人均收入5等分组 | | 新农合 | 其他医保 | 没有任何医保 | 合计 |
| --- | --- | --- | --- | --- | --- |
| 低收入组 | 人数 | 193 | 130 | 499 | 822 |
| | 百分比 | 23.5% | 15.8% | 60.7% | 100.0% |
| 次低收入组 | 人数 | 321 | 96 | 408 | 825 |
| | 百分比 | 38.9% | 11.6% | 49.5% | 100.0% |
| 中等收入组 | 人数 | 313 | 132 | 374 | 819 |
| | 百分比 | 38.2% | 16.1% | 45.7% | 100.0% |
| 次高收入组 | 人数 | 284 | 120 | 365 | 769 |
| | 百分比 | 36.9% | 15.6% | 47.5% | 100.0% |
| 高收入组 | 人数 | 275 | 175 | 427 | 877 |
| | 百分比 | 31.4% | 20.0% | 48.7% | 100.0% |
| 合计 | 人数 | 1386 | 653 | 2073 | 4112 |
| | 百分比 | 33.7% | 15.9% | 50.4% | 100.0% |

注：Chi2检验的$p$值为0.000。

贫困人群中没有医疗保障的比例最高，最低收入组没有医疗保障的人群为60%以上；中等以上收入的人群，没有医疗保障的比例不到一半。合作医疗覆盖率最高的是中等收入和次低收入的人群；高收入组人群拥有商业和其他医疗保障制度比例最高。收入5等分组的医疗保障覆盖率差异在统计上非常显著。

山区和坝区的"新农合"覆盖率差别不大，分别为32.7%和35.7%。从平均参加"新农合"的时间来看，山区的试点也比坝区农村开展的早一些。对于已经"参合"的群众，山区平均"参合"期为22.4个月，坝区平均18.4个月；山区大约比坝区平均要早试点半年。从收入分组的情况观察，主要是中等和中等以上收入的山区县更早开始"新农合"试点（图4–2）。

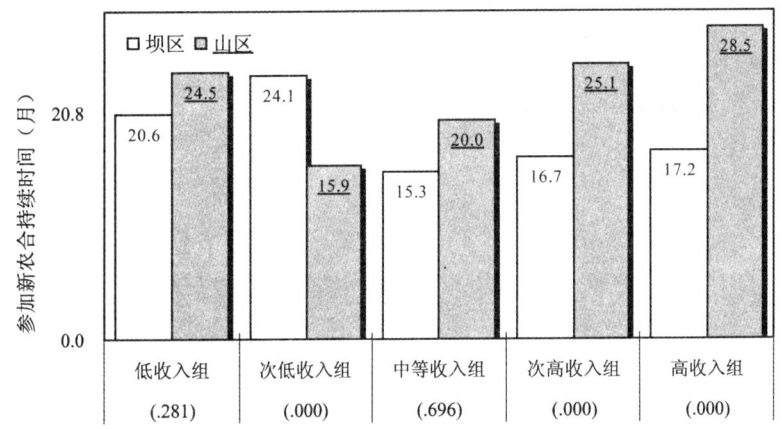

注：横轴下方括号内数字为 t 检验的 p 值，全部样本均值为 20.8 个月。

图 4-2：山区和坝区平均参加新农合持续期

## 二、四周患病与就诊的性别差异

健康是一个多维度的概念，最为常用的操作化指标通常是四周（或者两周）患病情况。本文按照"全国卫生服务调查"的分类标准（中国卫生部统计信息中心，2004），将全部样本人群划分为 8 个年龄组，比较男女四周患病的情况。结果发现：女性四周患病的比例要高于男性，特别是在 45 岁以上的三个年龄组中，简单 chi2 检验显示这种差别仅仅在 45～54 岁年龄组显著（10%水平上）；男性 5 岁以下儿童组四周患病率显著高于女童，并且差别在统计上非常显著（图 4-3）。

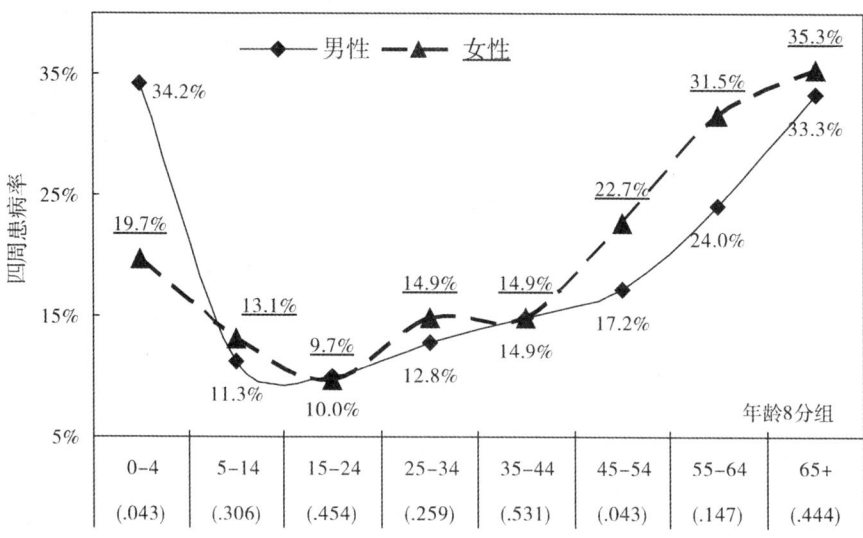

注：横轴下方括号内数字为 chi2 检验的 p 值。

图 4-3：样本人群四周患病率

与健康状况本身不同，"就诊和治疗"是健康服务的一种引致需求（Grossman，1972），更多地受到社会经济条件的影响。"新农合"的一个主要短期作用就是保障农户能够小病及时就医，避免拖成大病。比较不同收入组的四周患病就医概率发现：收入较低的组别农户就诊的比例低于收入较高组别的农户。在所有的组别上，就医行为都受到医疗保障制度的影响，"没有任何医疗保障"的人群就诊的比例在所有收入组别中都是最低的。但是拥有公费医疗、商业保险等"其他保障制度"人群的就诊比例几乎都在95%以上（图 4-4）。

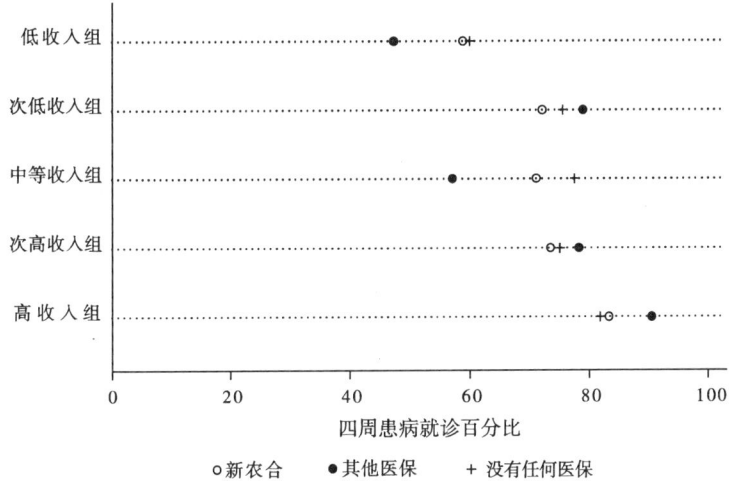

图4-4：农户四周患病就诊比例

与"没有任何医疗保障"的人群相比，有"新农合"的农户就诊比例要高，并且这种差距在贫困组最为显著。

从四周患病治疗的就诊花费来看，"新农合"组人群的总花费较之没有保障和其他医保人群的花费要低，扣除可以报销的部分，"新农合"有效的自负比例（Out-of-Pocket，以下简称OOP）为83.8%，而没有医保人群的总花费高于"新农合"组，并且几乎100%需要自负医疗费用（图4-5）。

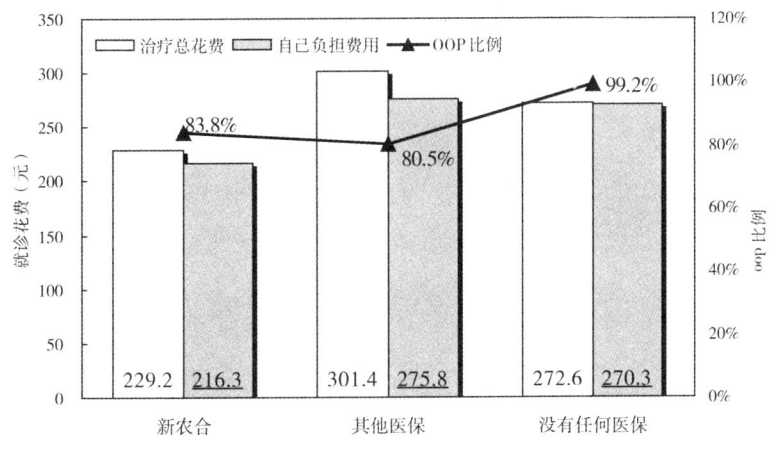

图4-5：四周就诊的治疗花费和OOP比例

图 4-4 和图 4-5 的描述统计结果显示,"新农合"有效提高了农户就诊需求,并没有带来相应价格的增加。根据高梦滔、高广颖(2005)对于云南"新农合"试点的研究,其主要的原因可能存在于两个方面:其一、云南"新农合"试点的各县,一般有指定的就诊机构。"新农合"报销比例往往向村和乡镇两级倾斜较多,同样病种,这两级基层机构治疗花费比之县级机构要低很多,并且各地对于"新农合"的指定就诊机构检查较为严格,对于避免大处方都有一些行之有效的具体规定;其二、没有医疗保障的农户就诊比例小,就诊平均花费高,可能揭示这些农户存在的"自选择"问题,即病情相对严重时才去就诊,而对于小病则硬扛着。

本节提供了四周患病及就诊的描述统计,初步揭示了"新农合"对于保障农户就医和有效减轻医疗负担具有积极作用;但是描述统计对上述两个原因各自的解释力和混杂因素无法有效的处理,下节借助本节的理论框架,建立正式的农户就诊和花费的计量模型分析"新农合"对于农户医疗服务利用的影响。

## (一) 基于 Two-Part 模型的估算

在医疗服务需求的估计上,一个难点在于医疗服务需求和患病的情况密切关联,医疗花费是在以患病为前提下的一种间接需求。因此对于整个贫困人群而言,测算医疗需求,必须把患病者的其他生理甚至社会文化因素(例如年龄、性别、教育程度等)对医疗需求的影响排除出去,也就是求取整个人群的非条件需求(unconditional demand)。这也是计算医疗保障制度如何有助于实现水平公平①(Horizontal Equity)的基础。

从估计的方法上看,主要的研究思路集中于 Selection 模型和 2PM 模型之间的选择。通常处理选择性偏误校正使用标准的 Sample Selection 模型(简称 SSM),典型的 Heckman(1979)模型表示为式(4.1):

---

① 水平公平是指在同样的患病情况下,社会经济特征不同的患者能够得到同样的治疗保证。由于生理差异造成病种相同的病患获得不同的医疗,并不是水平不公平的体现。

$$\begin{cases} \log Fee = x_2\beta_2 + \varepsilon_2 \\ y^* = x_1\beta_1 + \varepsilon_1 > 0 \end{cases} \tag{4.1}$$

式(4.1)中，$x$表示解释变量向量，$\beta$表示待估参数，$\varepsilon$表示扰动项。上面的方程为OLS方程估计医疗花费（对数形式），下面的式子为选择方程，估计四周患病的概率。使用Heckman的办法校正选择性偏误必须满足两个很强的假设条件：1. 在$x_1$中必须包含至少一个元素，只影响患病概率，而不影响治疗花费；2. $\varepsilon$两个之间的联合正态假定。如果$x_1$和$x_2$重合的话，则估计会产生极大的误差，并且本质上方程无法识别，仅仅是依靠IMR的非线性特征得出参数推断的结果。实际上本文数据中，难以找到这个识别变量。因此本文的估计采用健康经济学领域常用的2PM方法（Duan. N, *et al.*, 1983），即首先估计一个患病概率的Probit模型，然后估计治疗花费对数的OLS模型，通常的预测值为：治疗花费取对数处理以获得有效估计，有效预测值的计算可以使用公式，其中就是医疗花费取对数需要的Smearing校正①。

2PM模型的估计不依赖于SSM的两个强假定，2PM的支持者通过Monte-Carlo实验结果辩解：即便存在真正的Selection问题，2PM的响应面也表现良好（Manning, et al., 1987）。相应的，标准Hekit方法如果应用于实际上没有Selection的问题中，那么就会出现严重的有偏和非一致结果（Dow and Norton, 2002）。从相对保守的估计策略出发，本文的测算使用了2PM的估计方法②。

根据式的医疗服务需求函数，解释变量包括三组指标：1. 价格与预算变量。具体是医疗服务价格（使用就诊次均花费的地州平均数表示）、本县合作医疗规定的门诊OOP比例、住院OOP比例、一般物价水平（使用地州外出就业人群的小时工资平均数代表）、人均纯收入对数、家庭生产性固定资产表示的财富；2. 人口学和人力资本特征。具体是性别哑元、户主教育、家庭人口

---

① 简而言之，使用预测值的反对数乘以S获得校正的水平值 $S = \sum_{i=1}^{n+} [exp(\varepsilon i)] \cdot /n+$，其中为$\varepsilon i$残差，表示小时工资大于0的样本数量，详细的讨论参见文后Duan的参考文献。

② 一个更为详细且易于理解的介绍可以参见Jones, A. M., "Health Econometrics", in Handbook of Health Economics, edited by A. J. Culyer and J. P. Newhouse, Vol. 1, pp. 267–336, 2000, North-Holland Elsevier, Amsterdam.

数、家庭负担系数①、年龄和年龄平方、教育年限（15岁以下子女教育年限使用父亲教育年限代替）、少数民族哑元、使用"自评健康"一组哑元②控制健康生产函数的测量误差；3. 环境变量。具体是地势哑元、县城距离、本村诊所数量、本村正规培训过的卫生员数量、本户拥有电话哑元、电视信号哑元。估计的关键变量的医疗保障制度哑元，将"没有任何医保"设为对照组。有效样本数的变量描述统计结果在表4－2列示：

表4－2：医疗服务需求函数解释变量描述统计

| 解释变量 | 均值 | 标准差 |
|---|---|---|
| 医保哑元（其他医保＝1） | 0.176 | 0.381 |
| 医保哑元（新农合＝1） | 0.381 | 0.486 |
| 就诊价格对数 | 5.134 | 0.430 |
| 门诊自负率 | 83.523 | 27.549 |
| 住院自负率 | 78.802 | 29.703 |
| 地州平均小时工资对数 | 0.025 | 0.308 |
| 家庭人口数 | 4.400 | 1.376 |
| 家庭负担系数 | 0.182 | 0.201 |
| 户主教育年限 | 6.303 | 3.157 |
| 年龄 | 32.693 | 26.088 |
| 年龄平方/100 | 12.842 | 12.411 |
| 性别哑元（女性＝1） | 0.477 | 0.500 |
| 教育年限 | 6.557 | 4.070 |
| 家庭人均纯收入对数 | 6.842 | 1.426 |
| 县城距离对数 | 3.314 | 1.194 |
| 地势（山区＝1） | 0.574 | 0.495 |

---

① 指15岁以下和65岁以上人员之和占家庭人数的比例。

② 指"和周围同龄人相比健康状况总体评价"5个等级。虽然"自评健康"本身存在测量误差，但是一般的调查很难得到其他健康指标。我们的问卷也使用Anthropometrics指标（身高、体重和BMI），但是成年人和孩子的计算不一样，若分开处理，又受到样本量限制。具体的讨论可以参见Strauss, J., and Thomas, D., "Health, Nutrition, and Economic Development", Journal of Economic Literature, 1998, Vol. 36 (2), pp. 766–817.

续表

| 解释变量 | 均值 | 标准差 |
|---|---|---|
| 民族哑元（少数民族=1） | 0.498 | 0.500 |
| 村卫生室数量 | 4.780 | 8.494 |
| 正规培训的医生数 | 5.487 | 8.331 |
| 电话哑元（有=1） | 0.656 | 0.475 |
| 电视哑元（有=1） | 0.843 | 0.364 |
| 生产性固定资产原值对数 | 8.569 | 1.352 |
| 对照组：自评健康"非常好" | | |
| 自评健康（好=1） | 0.513 | 0.500 |
| 自评健康（一般=1） | 0.222 | 0.416 |
| 自评健康（差=1） | 0.051 | 0.220 |
| 自评健康（较差=1） | 0.005 | 0.074 |

除去四周患病与治疗的情况，我们的问卷同时还询问了过去1年之中农户患病和就诊的情况，因为1年的回忆可能存在记忆缺失造成的测量误差，估计的结果以四周治疗选择和花费为主同时报告1年的治疗花费情况作为补充，以保证估计的稳健性质。四周患病治疗花费同时报告以总花费和自负费用为因变量的结果，比较新农合对于总费用和农户负担的影响，1年期的估计仅仅报告农户以自负费用为因变量的结果。为了解释的方便，Probit模型直接报告边际影响（在均值处计算）及其t值（表4-3）。

表4-3：农户就诊花费的2PM模型估计结果

| 因变量 | 四周自负额 | | 四周花费总额 | | 1年自负额 | |
|---|---|---|---|---|---|---|
| | Probit | OLS | Probit | OLS | Probit | OLS |
| 解释变量 | 边际/(t值) | b/(t值) | 边际/(t值) | b/(t值) | 边际/(t值) | b/(t值) |
| Constant | ~ | 1.916 | ~ | 2.865** | ~ | 3.474*** |
| | ~ | (1.157) | ~ | (2.087) | ~ | (6.751) |
| 医保哑元(其他医保=1) | 0.068*** | 0.489* | 0.080*** | 0.144 | -0.010 | 0.131 |
| | (3.846) | (1.835) | (4.281) | (0.590) | (-0.635) | (1.418) |
| 医保哑元(新农合=1) | 0.030* | -0.301** | 0.060** | -0.319** | 0.071*** | -0.249*** |
| | (1.884) | (1.998) | (2.104) | (-2.317) | (4.172) | (-2.828) |

续表

| 因变量 | 四周自负额 | | 四周花费总额 | | 1年自负额 | |
|---|---|---|---|---|---|---|
| | Probit | OLS | Probit | OLS | Probit | OLS |
| 解释变量 | 边际/(t值) | b/(t值) | 边际/(t值) | b/(t值) | 边际/(t值) | b/(t值) |
| 就诊价格对数 | -0.020* | 0.426 | -0.038*** | 0.613*** | -0.064*** | 0.100 |
| | (-1.646) | (1.532) | (-3.085) | (2.715) | (-4.117) | (1.338) |
| 门诊自负率 | -0.001*** | 0.001 | -0.001*** | -0.009** | -0.002*** | -0.001 |
| | (-3.227) | (0.115) | (-3.310) | (-2.225) | (-5.203) | (-0.814) |
| 住院自负率 | -0.000 | 0.010** | 0.000 | 0.006 | -0.001*** | 0.002 |
| | (-0.254) | (2.372) | (0.076) | (1.596) | (-3.592) | (1.186) |
| 平均小时工资对数 | 0.033** | -0.735** | 0.022 | -0.493* | -0.051*** | 0.248*** |
| | (2.049) | (-2.221) | (1.311) | (-1.656) | (-2.816) | (2.589) |
| 家庭人口数 | 0.012*** | 0.142*** | 0.012*** | 0.039 | 0.015*** | 0.280*** |
| | (3.849) | (2.788) | (3.601) | (0.799) | (3.306) | (13.052) |
| 家庭负担系数 | -0.049* | -0.922* | -0.060** | -0.880* | -0.082*** | 0.151 |
| | (-1.880) | (-1.709) | (-2.196) | (-1.715) | (-3.199) | (0.935) |
| 户主教育年限 | 0.003* | -0.021 | 0.003* | 0.025 | 0.002 | 0.010 |
| | (1.833) | (-0.646) | (1.747) | (0.825) | (1.374) | (0.945) |
| 年龄 | 0.001 | 0.008 | 0.000 | 0.012 | -0.000 | -0.003 |
| | (1.584) | (0.501) | (0.911) | (0.785) | (-1.295) | (-0.533) |
| 年龄平方/100 | -0.000 | -0.012 | -0.000 | -0.013 | -0.000 | 0.009 |
| | (-0.612) | (-0.556) | (-0.505) | (-0.646) | (-0.034) | (1.152) |
| 性别哑元(女性=1) | -0.005 | -0.108 | -0.005 | -0.034 | -0.003 | 0.014 |
| | (-0.572) | (-0.652) | (-0.539) | (-0.217) | (-0.329) | (0.245) |
| 教育年限 | -0.006*** | -0.022 | -0.008*** | -0.034 | -0.002* | 0.044*** |
| | (-4.355) | (-0.837) | (-5.158) | (-1.363) | (-1.675) | (5.217) |
| 家庭人均纯收入对数 | -0.006 | -0.069 | -0.005 | -0.023 | -0.002 | 0.096*** |
| | (-1.624) | (-1.249) | (-1.440) | (-0.444) | (-0.640) | (4.408) |
| 县城距离对数 | -0.010** | -0.080 | -0.009* | -0.164* | 0.005 | -0.121*** |
| | (-2.045) | (-0.857) | (-1.754) | (-1.951) | (0.935) | (-4.323) |
| 地势哑元(山区=1) | 0.004 | -0.088 | 0.001 | -0.027 | 0.067*** | -0.496*** |
| | (0.329) | (-0.420) | (0.050) | (-0.139) | (5.844) | (-7.529) |
| 民族哑元(少数民族=1) | -0.000 | 0.277 | 0.000 | 0.172 | -0.073*** | 0.100* |
| | (-0.012) | (1.456) | (0.029) | (0.979) | (-7.138) | (1.668) |
| 村卫生室数量 | 0.004*** | -0.074*** | 0.005*** | -0.074*** | -0.001 | -0.024*** |
| | (3.076) | (-2.823) | (3.464) | (-2.926) | (-0.757) | (-6.180) |
| 正规培训的医生数 | 0.000 | 0.012 | 0.000 | 0.000 | 0.003*** | 0.000 |
| | (0.262) | (0.847) | (0.467) | (0.025) | (2.940) | (0.095) |

续表

| 因变量 | 四周自负额 | | 四周花费总额 | | 1年自负额 | |
|---|---|---|---|---|---|---|
| | Probit | OLS | Probit | OLS | Probit | OLS |
| 解释变量 | 边际/(t值) | b/(t值) | 边际/(t值) | b/(t值) | 边际/(t值) | b/(t值) |
| 电话哑元(有=1) | -0.004 | 0.446** | -0.002 | 0.272 | 0.041*** | 0.318*** |
| | (-0.320) | (2.149) | (-0.171) | (1.411) | (3.322) | (4.641) |
| 电视哑元(有=1) | 0.011 | -0.146 | 0.007 | 0.065 | -0.052*** | 0.152* |
| | (0.754) | (-0.501) | (0.438) | (0.251) | (-4.153) | (1.669) |
| 生产性固定资产原值对数 | -0.001 | -0.060 | 0.000 | -0.087 | -0.001 | 0.036 |
| | (-0.165) | (-0.723) | (0.049) | (-1.147) | (-0.312) | (1.576) |
| 自评健康(好=1) | 0.000 | 0.668*** | -0.002 | 0.438* | 0.079*** | 0.341*** |
| | (0.030) | (2.737) | (-0.128) | (1.932) | (6.984) | (4.632) |
| 自评健康(一般=1) | 0.038** | 1.047*** | 0.036** | 0.763*** | 0.066*** | 0.460*** |
| | (2.323) | (3.884) | (2.149) | (3.046) | (5.989) | (5.095) |
| 自评健康(差=1) | 0.208*** | 1.161*** | 0.230*** | 0.819*** | 0.073*** | 0.975*** |
| | (5.870) | (3.893) | (6.157) | (2.898) | (4.916) | (6.460) |
| 自评健康(较差=1) | 0.092 | 0.243 | 0.160* | -0.003 | 0.044 | 1.631*** |
| | (1.214) | (0.269) | (1.906) | (-0.004) | (1.183) | (4.159) |
| 略去15个地州哑元结果 | | | | | | |
| 对数似然 | -625.019 | -315.372 | -662.468 | -341.731 | -733.608 | -3702.332 |
| chi² | 203.778*** | | 217.664*** | | 354.426*** | |
| 有效样本数 | 2512 | 412 | 2512 | 431 | 2512 | 1744 |
| adj R² | | 0.218 | | 0.182 | | 0.223 |
| Pseudo R² | 0.140 | | 0.141 | | 0.195 | |
| F值 | | 3.263*** | | 2.972*** | | 25.411*** |

注:***:1%水平上显著;**:5%水平上显著;*:10%水平上显著,"()"内数字为t值。

因为我们的数据是单纯截面数据,无法完全剔除农户的异质性,因此只能控制地州哑元(昆明为对照组,包含15个哑元)来剔除地区差异。估计的结果显示,在控制了其他影响因素以后,和没有医保的农户相比,有新农合的农户四周患病就诊平均概率提高了3%~6%,1年患病治疗的概率提高了7%;同时,四周治疗花费下降了30%,1年的治疗花费下降了1/4,并且这些效果几乎都在统计上显著。

值得注意的是:规定的门诊自负率对于农户的就医概率和医疗费用都有非常显著的影响。虽然合作医疗主要是以大病的保险功能为主,但是门诊的减免措施对于农户小病及时就医，避免拖成大病也有显著的效果。村级卫生室对于农户医疗服务利用的可得性（Accessibility）具有显著的影响，特别是在云南这种以山区为主的省份。我们的估计发现：村级卫生室对于农户就医和有效利用基层卫生服务降低医疗费用都具有显著的影响，村级卫生室这种社区医疗服务的"看门人"功能对农户卫生服务利用具有重要意义。"新农合"试点往往规定了村卫生室作为首选的门诊报销单位，为了考察"新农合"通过村卫生室对农户就医的影响，在表4-3的基础上，加入"新农合"哑元与村卫生室数量的交互项进行估计①。略去其他解释变量结果，仅仅报告医保哑元和村卫生室与卫生员的4个交互项估计结果如下（表4-4）：

表4-4：医疗保障制度和村级卫生服务的交互影响

| 因变量 | 四周自负额 | | 四周花费总额 | | 1年自负额 | |
| --- | --- | --- | --- | --- | --- | --- |
| | Probit | OLS | Probit | OLS | Probit | OLS |
| 解释变量 | 边际/(t值) | b/(t值) | 边际/(t值) | b/(t值) | 边际/(t值) | b/(t值) |
| 医保哑元(其他=1)×村卫生室数量 | 0.007* | -0.040 | 0.006 | -0.091 | 0.021*** | 0.033* |
| | (1.649) | (-0.349) | (1.101) | (-0.862) | (2.748) | (1.909) |
| 医保哑元(新农合=1)×村卫生室数量 | 0.008*** | 0.026 | 0.009*** | 0.057 | 0.007*** | 0.037** |
| | (2.809) | (0.276) | (2.859) | (0.711) | (3.336) | (2.510) |
| 医保哑元(其他=1)×医生数量 | -0.007*** | 0.065 | -0.006** | 0.087* | -0.001 | 0.015 |
| | (-3.274) | (1.058) | (-2.557) | (1.679) | (-0.362) | (1.473) |
| 医保哑元(新农合=1)×医生数量 | 0.003** | 0.037 | 0.003** | -0.012 | -0.000 | -0.022*** |
| | (2.198) | (0.540) | (2.054) | (-0.245) | (-0.209) | (-2.591) |

注：***：1%水平上显著；**：5%水平上显著；*：10%水平上显著，括号内数字为t值；略去其他解释变量结果。

表4-4的估计结果表明了"新农合"起作用的一种机制：村级卫生室增

---

① 在同时控制村卫生室数量和"新农合"哑元的基础上，这个交互项的系数表示村卫生室对于新农合边际影响。简单地说，如果解释变量都是连续变量的话，交互项系数就是二阶交叉偏导数 $\frac{\partial^2 y}{\partial x_1 \partial x_2}$。

加一个,可以使得"新农合"促进农户就医的边际影响增加1%;卫生员数量增加一个可以使得新农合促进农户就医的边际影响提高0.3%;虽然就诊概率模型的交互项系数在统计上非常显著,但是绝对的效果较小。一个可能的原因是"新农合"主要的取向是大病统筹、小病不是重点。

从计量的观点来看,2PM模型的优势在于其预测值的政策含义。因为2PM估计的是非条件医疗支出,按照公式计算的费用含义是:样本人群在给定的四周患病率情况下,预计每个人四周医疗花费的条件期望值;则对于不同医疗保障制度人群的条件期望值分组比较,揭示的就是不同医疗保障制度人群四周医疗费用负担差异,也就是"新农合"对于减轻农户医疗负担的政策效果。根据表4-3计算四周实际人均医疗费用负担的预测结果用Violin图进行比较(图4-6)。

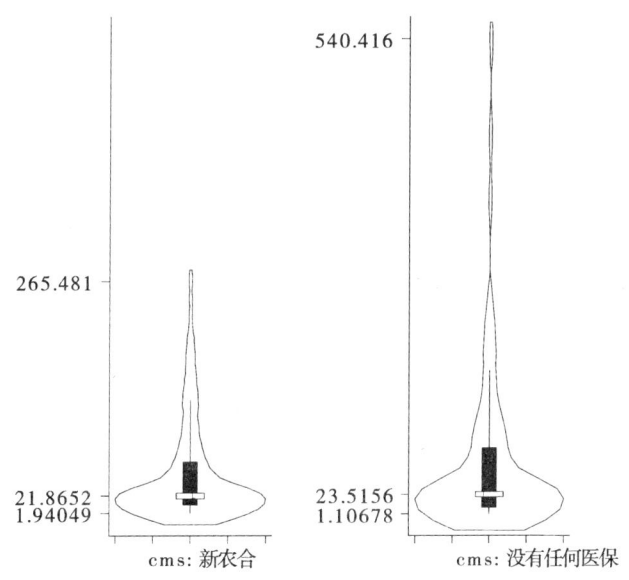

注:Violin图两侧曲线为使用Epanechnikov核函数估计的密度,中间为通常的Box图,横杆表示中位数。

图4-6:农户人均四周实际医疗费用负担期望值

通过期望值的比较可以看出,与没有医保的农户相比,"新农合"有两重的效果:其一、新农合平均使得农户四周人均医疗负担降低7.59%(中位数之比为 21.87 元：23.52 元）；其二、从分布来看，"新农合"具有一种医疗服务支出均等化的效果，"新农合"农户的医疗支出离散程度较小，相对集中，医疗支出的水平公平性优于没有医疗保障的农户。

通过对比 1 年家庭自己负担的医疗支出期望值，也证明了"新农合"的减轻负担与促进公平两个作用的稳健性。有"新农合"家庭 1 年医疗负担期望值中位数为 1084.62 元；没有医保农户的家庭医疗负担期望值中位数为 1461.18 元；"新农合"减轻农户医疗负担 34.7%（减少 377 元）。

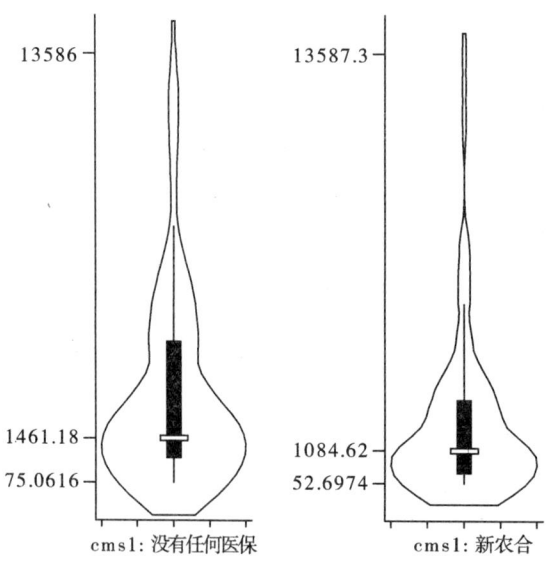

注：Violin 图两侧曲线为使用 Epanechnikov 核函数估计的密度，中间为通常的 Box 图，横杆表示中位数。

图 4-7：不同医疗保障制度户均 1 年医疗费用实际负担期望值

在我们的样本中，"新农合"试点采取的费率都是人均 10 元/年，我们样本家庭平均人口数为 4.43 人，则每个家庭每年支出 44 元左右，每年一个农户可以减轻近 400 元的医疗费用负担；4 周及时治疗的概率提高 5% 左右。这还仅仅是现行的医疗保障水平下的成本收益比较，随着试点的深入，中央和地方财政支持力度加大，并且有效控制医疗服务价格，则云南省"新农合"有望真正成为经济社会收益巨大的民心工程（云南省统计局，2007a）。

## (二) 基于 hurdle model 的估算

农户医疗服务利用的另外一个主要方面是"就诊次数"。前面"图4-7：不同医疗保障制度户均1年医疗费用实际负担期望值"由于记忆的缺损，可能导致测量误差，影响估计的一致性和有效性。本节估算农户1年在乡、村两级医疗服务机构就诊次数的影响因素，是对前面计算的补充，以便更加完整地评价"新农合"的政策效果，尤其是对基层卫生服务利用的促进。

上面一个小节对于估计就诊与花费的2PM模型框架可以用于就诊次数的估计，但是需要利用更为广义的Hurdle模型进行处理。对于全部样本人群来说，就诊次数分布的一个典型现象是：很大一部分人群全年就诊的次数为"0"，这就是所谓的"超零"（Excess Zeros）现象。通常估计次数的Poisson模型假设条件不再成立，而代之以Negative Binominal（简称"NB"）设定[①]，以补充刻画对通常Poisson模型的过度发散（Cameron and Trivedi，1986）。虽然NB在就诊次数的研究中已经得到了广泛的应用，但是很多研究发现：单纯的NB产生的预测值"0"的数量还是大大少于观测值。于是另一种研究思路认为"超零"的存在是因为非观测的异质性干扰的原因，也就是患者决定就诊次数为0（初级就诊）和大于等于1（复诊）这两个阶段没有理由认为产生于同一随机过程（Mullahy，1997；Pohlmeier and Ulrich，1995）。根据这个思路，将密度函数按照Censoring处理设为：$\Pr[y=0] = f_1(0)$ 和 $\Pr[y|y>0] = f_2(y)/(1-f_2(0))$ 则标准的Poisson模型密度函数一般化为式（4.2）：

$$g(y) = \begin{cases} f_1(0) + [1-f_1(0)]f_2(0) & \text{if } y=0 \\ [1-f_1(0)]f_2(y) & \text{if } y \geq 1 \end{cases} \quad (4.2)$$

如果 $f_1(\cdot) = f_2(\cdot)$，式（4.2）退化为单一的Poisson模型。按照一般的设定，将 $f_1(\cdot)$ 设为二分的logit模型，将 $f_2(\cdot)$ 设为更为灵活的NB形式。利用表4-2的解释变量分别估计1年内村、乡两级就诊次数表示的医疗服务利用需求函数，结果在表4-5列示：

---

[①] 通常的Poisson模型设定 $exp(xi\beta)$，变为 $exp(xi\beta + \mu i) = (exp(\alpha i\beta))\eta i$，其中附加项 $\eta$ 为一个gamma分布。

表4-5：1年内村、乡两级就诊次数的 Negative Binomial - Logit Hurdle 模型估计

| 解释变量 | 村级机构 | | | | 乡级机构 | | | |
| --- | --- | --- | --- | --- | --- | --- | --- | --- |
| | logit | | negbinomial | | logit | | negbinomial | |
| | 危险度 | t值 | 危险度 | t值 | 危险度 | t值 | 危险度 | t值 |
| Constant | 1.219 | (0.235) | 96.279*** | (5.420) | 0.082*** | (-3.052) | 0.035*** | (-4.140) |
| 医保哑元(其他医保=1) | 1.147 | (0.954) | 0.946 | (-0.462) | 0.556*** | (-4.208) | 0.755** | (-2.034) |
| 医保哑元(新农合=1) | 1.380*** | (4.351) | 1.006 | (2.058) | 1.194* | (1.867) | 1.328* | (1.923) |
| 就诊价格对数 | 1.349** | (2.378) | 0.608*** | (-3.618) | 1.529*** | (3.580) | 1.906*** | (5.256) |
| 门诊自负率 | 0.985*** | (-5.773) | 1.004*** | (3.749) | 0.997 | (-1.074) | 0.992*** | (-3.387) |
| 住院自负率 | 0.992*** | (-3.387) | 1.006*** | (4.047) | 0.983*** | (-7.651) | 0.989*** | (-4.555) |
| 平均小时工资对数 | 2.651*** | (5.957) | 1.080 | (0.580) | 1.609*** | (3.153) | 1.335* | (1.645) |
| 家庭人口数 | 1.110*** | (2.719) | 1.127*** | (5.206) | 1.458*** | (9.288) | 1.210*** | (6.090) |
| 家庭负担系数 | 0.455*** | (-3.110) | 0.503*** | (-3.521) | 0.612** | (-1.991) | 0.705 | (-1.395) |
| 户主教育年限 | 0.951*** | (-3.056) | 1.008 | (0.655) | 1.035** | (2.199) | 1.089*** | (4.530) |
| 年龄 | 0.999 | (-0.387) | 0.997 | (-0.380) | 1.014 | (1.384) | 1.008 | (0.770) |
| 年龄平方/100 | 1.000 | (-0.217) | 1.001 | (0.111) | 0.984 | (-1.202) | 0.983 | (-1.146) |
| 性别哑元(女性=1) | 0.933** | (-2.758) | 1.050** | (2.714) | 1.002** | (2.021) | 1.049** | (2.513) |
| 教育年限 | 0.991 | (-0.723) | 1.017 | (1.643) | 0.987 | (-1.006) | 1.013 | (0.967) |
| 家庭人均纯收入对数 | 0.856*** | (-4.364) | 0.897*** | (-4.092) | 0.912*** | (-2.692) | 1.046 | (1.504) |
| 县城距离对数 | 1.149*** | (3.062) | 1.029 | (0.781) | 0.847*** | (-3.778) | 0.826*** | (-3.401) |
| 地势(山区=1) | 1.578*** | (4.407) | 0.504*** | (-7.366) | 1.504*** | (4.128) | 1.118 | (0.948) |
| 民族哑元(少数民族=1) | 0.914 | (-0.954) | 0.926 | (-1.043) | 0.906 | (-1.081) | 0.567*** | (-5.435) |
| 村卫生室数量 | 1.059*** | (4.881) | 1.061*** | (4.486) | 1.002 | (0.376) | 0.972*** | (-3.202) |
| 正规培训的医生数 | 1.033*** | (4.896) | 1.008** | (2.483) | 0.968*** | (-4.984) | 0.990 | (-1.349) |
| 电话哑元(有=1) | 1.011 | (0.101) | 1.238** | (2.533) | 1.009 | (0.087) | 0.724*** | (-2.926) |
| 电视哑元(有=1) | 1.944*** | (4.481) | 0.760** | (-2.125) | 1.333** | (1.998) | 1.560** | (2.708) |
| 生产性固定资产原值对数 | 0.968 | (-0.909) | 1.004 | (0.110) | 1.094** | (2.540) | 0.902*** | (-2.920) |
| 自评健康(好=1) | 0.944 | (-0.506) | 1.139 | (1.431) | 1.061 | (0.538) | 1.752*** | (4.685) |
| 自评健康(一般=1) | 1.164 | (1.074) | 1.170 | (1.439) | 0.917 | (-0.628) | 1.506*** | (2.763) |
| 自评健康(差=1) | 1.492 | (1.621) | 1.791*** | (3.493) | 1.114 | (0.449) | 2.480*** | (3.978) |
| 自评健康(较差=1) | 0.317 | (-1.465) | 2.203 | (0.964) | 1.544 | (0.749) | 0.998 | (-0.003) |
| 略去15个地州哑元结果 | | | | | | | | |
| lnalpha | | | 0.053*** | (2.575) | | | 0.587*** | (3.664) |
| 对数似然 | -4438.226 | | | | -3700.008 | | | |
| chi² | 424.59*** | | | | 258.24*** | | | |
| 有效样本数 | 2512 | | 1744 | | 2512 | | 1744 | |

续表

| 解释变量 | 村级机构 | | | | 乡级机构 | | | |
| --- | --- | --- | --- | --- | --- | --- | --- | --- |
| | logit | | negbinomial | | logit | | negbinomial | |
| | 危险度 | t值 | 危险度 | t值 | 危险度 | t值 | 危险度 | t值 |
| AIC | 3.555 | | | | 2.967 | | | |

注:\*\*\*：1%水平上显著；\*\*：5%水平上显著；\*：10%水平上显著，"（）"内数字为t值。

为了解释的方便，表4-5的结果直接报告的是相对危险度（IRR），辅助参数lnalpha在统计上显著，说明拒绝标准的Poisson计次模型设定，采用NB是合理的选择。估计的结果表明有"新农合"的农户1年内平均到村级医疗机构就诊的概率是没有医保农户的1.38倍，就诊次数是后者的1.006倍；到乡级结构就诊的概率是没有医保农户的1.19倍，就诊次数是后者的1.328倍。并且这些差别都在统计上显著。在控制了价格以后，自负比率越高，农户越少利用基层卫生服务，实际上，"新农合"对于农户就诊的影响，应该包括"新农合"哑元本身和"自负率"的影响之和，在控制自负率以后，新农合哑元的系数表征：除了减轻费用负担，"新农合"制度建设对促进农户就诊的净影响。对模型采取不同的设定，在表4-5的估计中，去掉门诊和住院自负率，则"新农合"哑元系数和表4-5系数的差异显示出新农合促进农户就诊的作用在多大程度上归功于制度建设、多大程度上归功于费用分担（表4-6）。

表4-6："自负率"变量对于"新农合"哑元系数变化的影响

| 解释变量 | 村级机构 | | | | 乡级机构 | | | |
| --- | --- | --- | --- | --- | --- | --- | --- | --- |
| | logit | | negbinomial | | logit | | negbinomial | |
| | 危险度 | t值 | 危险度 | t值 | 危险度 | t值 | 危险度 | t值 |
| 不包含自负率 | 1.820\*\*\* | (14.642) | 1.034 | (-0.795) | 1.235\*\* | (2.081) | 1.680\*\*\* | (3.218) |
| 包含自负率(表4-5) | 1.380\*\*\* | (6.351) | 1.006\*\* | (2.058) | 1.194\* | (1.867) | 1.328\* | (1.923) |
| 自负率解释力比例 | 46.2% | ~ | 82.11% | ~ | 16.0% | ~ | 45.32% | ~ |

注:\*\*\*：1%水平上显著；\*\*：5%水平上显著；\*：10%水平上显著，括号内数字为t值。

表4-6的计算显示，自负率对于"新农合"促进农户医疗服务利用的解释力在村级机构服务利用上较高，其中，自负率解释了"新农合"促进村级机构就诊次数影响的82%，解释了初次就诊选择的46%。"新农合"促进农户利用乡级卫生服务的影响有46%是通过负担降低实现的。这些计算的结果表明"新农合"的作用不单纯体现在费用减免上，实际上大量对于"新农合"研究的成果都显示，"新农合"同时是一项制度建设的系统工程，涵盖了农村基层卫生设施管理和建设力度的加强、规范用药和处方管理、药品集中采购、人员培训、信息化建设等诸多方面。每年进行的"新农合"筹资，对于广大的干部群众来说都是一次很好的健康教育与宣传活动，并且"新农合"试点县财政对基层卫生投入都有显著的增加（云南省统计局，2007年）。

从就诊次数角度估计的需求方程和从费用角度估计的需求方程来看，存在一个最明显的差别还在于性别哑元系数。费用角度估计的需求方程性别系数都不显著，而就诊次数角度估计的需求方程，女性和男性表现出非常不同的特征：女性卫生服务利用的次数显著高于男性，但是初次选择到村级机构就诊的概率显著低于男性。这种选择模式可能和妇科病有关，因为妇女不太愿意到本村进行妇科疾病的诊疗（陶春芳、萧扬，1995）。采用交互项系数估计的办法（参见本章42页脚注①）估算"新农合"对于妇女就诊的影响，结果发现："新农合"促进妇女村级就诊次数概率为促进男性就诊作用的1.012倍（t值为1.871）；乡级为1.082倍（t值为2.379）。这个结果证明"新农合"对于促进女性的基层卫生服务利用具有更加显著的效果。

## 三、第四章小结

本章利用云南的农户微观数据，通过就诊花费和就诊次数两个角度测算了"新农合"对于农户医疗服务利用的影响。经验研究的结果表明，"新农合"对于农户卫生服务利用具有显著的双重效果：第一，减轻农户医疗负担；促进农户小病及时就诊。测算结果表明，"新农合"可以提高农户就诊的概率3%~7%；可以降低农户医疗费用负担25%~30%；第二，缩小医疗服务利用的不平等，使得治疗支出均等化。并且"新农合"对于促进女性基层卫生服务利用具有更为显著的作用，能够间接起到缩小家庭内部卫生资源利用的性别不平等的效果。本章的经验研究除了测算出"新农合"的减负与公平效果外，对于"新农合"效果的一些产生影响的路径也做了初步地分析，结果发现："新农合"促进农户医疗服务的利用和农村卫生基本保健网的建设密切相关，村级卫生室数量和村卫生员的数量对于发挥"新农合"效果有积极的作用；"新农合"的费用减免仅仅能够解释全部需求增加效果的一部分，"新农合"通过制度建设的其他方面发挥的作用，占到总影响的一半以上。这个结果表明，"新农合"的建设是一个长期的过程，制度软环境和基础设施硬环境都将是影响"新农合"建设成败的关键，是"新农合"可持续性的必须的基层实际工作重点所在。

本章受到数据的限制，对于"新农合"效果的评估是初步的、不完整的。问题主要在于：其一，截面数据无法完全剔除农户的异质性。在实施"新农合"的村庄中，仍然有部分农户没有参合，虽然比例较小，但是带来的问题是：是否存在保险市场经典的"逆向选择"问题，即较高健康风险的农户更加容易参合。这样就会导致"新农合"影响的高估。因为本文样本患病人群数量有限，无法对这种选择性偏误（Selection Bias）加以校正，因此可能存在系数高估问题；其二，就诊与治疗花费仅仅是"新农合"一个短期目标，有效提高农民健康水平、缩小城乡差距、消除因病致贫、因病返贫现象才是"新农合"的长远意义所在。并且是否能有效地达到长期目标还取决于政府是否能够对整个医疗服务体系实现彻底的改革，有效控制卫生费用水平。这些对于"新农合"来说是"外生变量"。

这些问题的克服需要将来获得大型面板数据来改善估计，并且随着试点的深入，期待引起社会各界对于"新农合"实际效果的关注。因此长期的效果评估伴随着"新农合"制度建设，也将会是一个长期的过程。本文的研究虽然是尝试性的，但是结果清晰地表明："新农合"这项深入民心的德政，真正能够发挥惠及广大农民的实际作用。借用云南省宾川县"新农合"的一句宣传标语作为本文的结语——"农民也有新型农村合作医疗"；并且我们坚信，一定会有更多的农民享有越来越好的新型农村医疗！

# 第五章 成人教育差异的性别分析

已有的大量研究发现妇女的教育对于家庭和社会而言都有重要的作用。

从家庭生产的角度来看,妇女教育的影响主要体现在三个方面:第一、妇女的教育程度提高对农户家庭增加产量和收入产生直接影响(Quisumbing, 1996; Yang, 1997);第二、妇女教育程度的提高能够有效促进家庭其他成员营养与健康状况以及后代受教育的水平,即存在妇女教育在家庭中的一种正外部性(World Bank, 1993; 2001a; 2003a);第三、妇女教育程度的提高能够增加家庭的性别分工效率,使得家庭男性成员的生产率得到提高。和男劳力教育水平的效果不同,妇女教育程度提高对于贫困家庭收益的影响更加显著,也就是妇女教育还具有缩小收入差距的作用(高梦滔、和云,2006)。

从社会意义上看,妇女享有和男性相同的教育水平是长期性别平等的前提和保证,是性别平等的一个重要方面。因为成年人的教育,其当时背景已经难以追溯,因此本报告对于教育性别平等的研究包括两个方面:成人教育和青少年教育。从可操作化的角度出发,我们简单定义成人为20岁以上人群,青少年则是20岁以下(含20岁)人群。本章主要利用描述统计刻画成人教育性别不平等的程度并且通过差异的分解对于教育性别不平等的结构加以分析。第6章则利用回归模型分析青少年教育性别不平等的原因。

本章论述分为三个部分:1. 教育性别不平等的现状;2. 教育不平等系数的分解;3. 本章小结。

# 一、教育的性别不平等现状

我们样本的成年男女的教育程度分别为7.1年和5.6年，t检验结果显示男性教育年限显著高于女性教育年限。分年龄段来看，年轻组别性别差异逐渐缩小，性别差异较大并且统计上显著的组别主要是中老年组。我们同时计算了性别平等指数（GPI指数：即女性教育年限÷男性教育年限），不同年龄组别性别平均教育程度图示在图5-1：

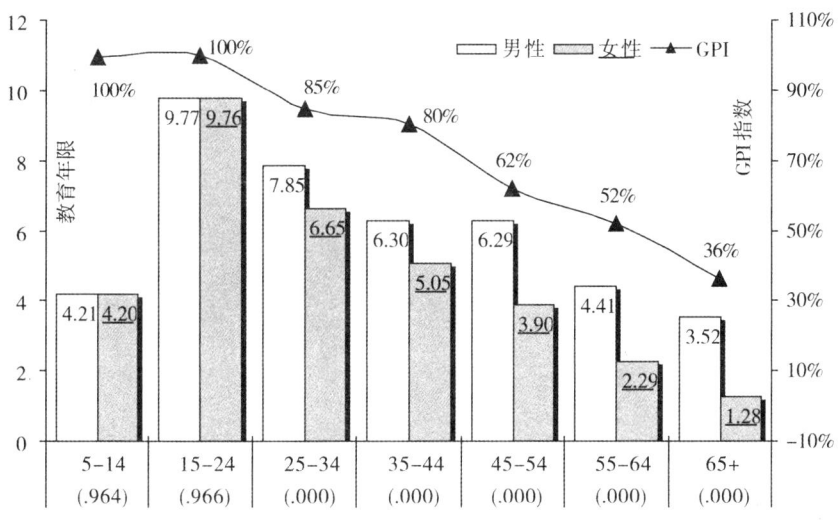

注：横轴下方"（ ）"内数字为t检验的p值。

图5-1：不同年龄组男女平均教育程度

图5-1虽然揭示出在云南山区贫困农村地区存在的成人男女教育不平等，但仅仅是均值的比较和统计检验，不能完整的展示教育不平等在全部人群中的分布情况。

我们借助不平等的常用测量工具——Gini系数和Theil指数对成人教育的性别差异加以分析，计算的结果列示在表5-1，因为两种系数的统计分布解析解很难得到，因为是统计抽样，分布对于整体的统计推断非常关键，因此对分布采用 Bootstrape 技术计算置信区间。

表 5-1：成年男女教育不平等测度

| 不平等指标 | Gini 系数 | 标准误 | 95% 置信区间 | | Theil 指数 | 标准误 | 95% 置信区间 | |
| --- | --- | --- | --- | --- | --- | --- | --- | --- |
| 男性 | 0.257 | 0.004 | 0.248 | 0.266 | 0.109 | 0.003 | 0.102 | 0.116 |
| 女性 | 0.299 | 0.006 | 0.289 | 0.309 | 0.148 | 0.005 | 0.138 | 0.157 |
| 全部成人样本 | 0.277 | 0.003 | 0.270 | 0.283 | 0.127 | 0.003 | 0.121 | 0.132 |

注：标准误和置信区间通过 Bootstrape 获得，迭代 200 次收敛。

表 5-1 的结果显示，两种不平等的测量指标都显示：样本成年女性的教育不平等程度要高于男性，并且通过置信区间的比较可以看出，女性和男性的教育不平等差异系数在统计上显著。女性组别的教育不平等程度较之男性更为严重。

Gini 系数和 Theil 指数仅仅是一个单一的指标，要对教育性别差异进行比较，我们借助广义的 Lorenz 曲线，结果在图 5-2 列示。

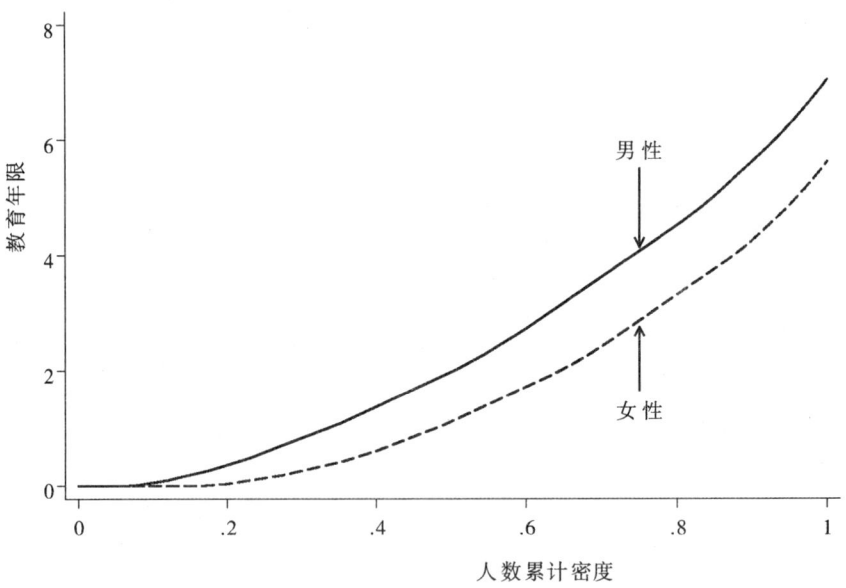

图 5-2：成年男女教育年限的广义 Lorenz 曲线

图5-2显示,男性教育在整个人群分布上对于女性来说都是属于随机占优状态,可以直观地理解为男性的教育程度在整个人群的分布上都要高于女性。成人男女的教育不平等现象存在于整个的样本人群中,而非部分人群特有。

从样本成人男女教育的性别差异来看,成人男女教育性别差异主要存在于小学和初中阶段,尤其是小学阶段是男女教育性别差异扩大的关键阶段(图5-3),在初中以上的阶段,男女教育性别差异较小一些。

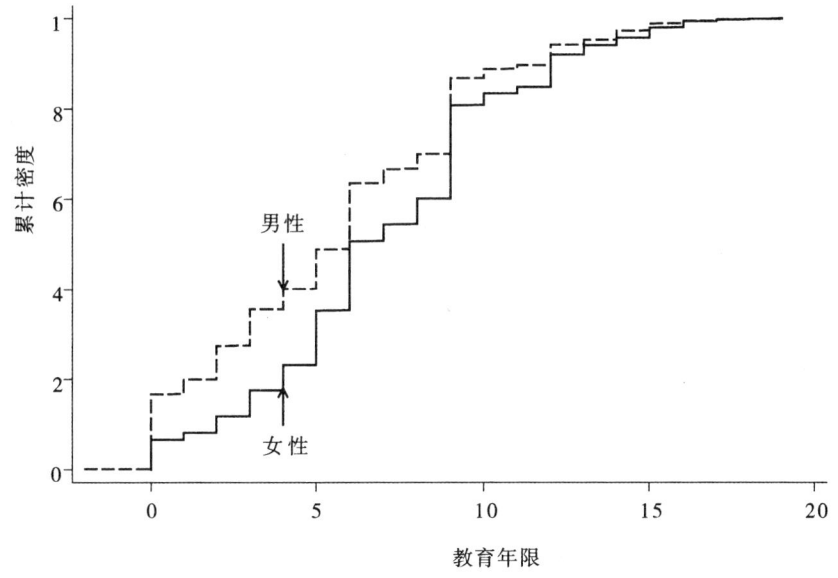

图5-3:成年男女教育的累计密度函数比较

分民族来看,汉族农户成年男女之间的教育性别差异要小于少数民族农户的教育性别差异,汉族的教育性别差异相对集中于小学阶段,而少数民族的教育性别差异则存在于高中和高中以下的各个阶段(图5-4)。

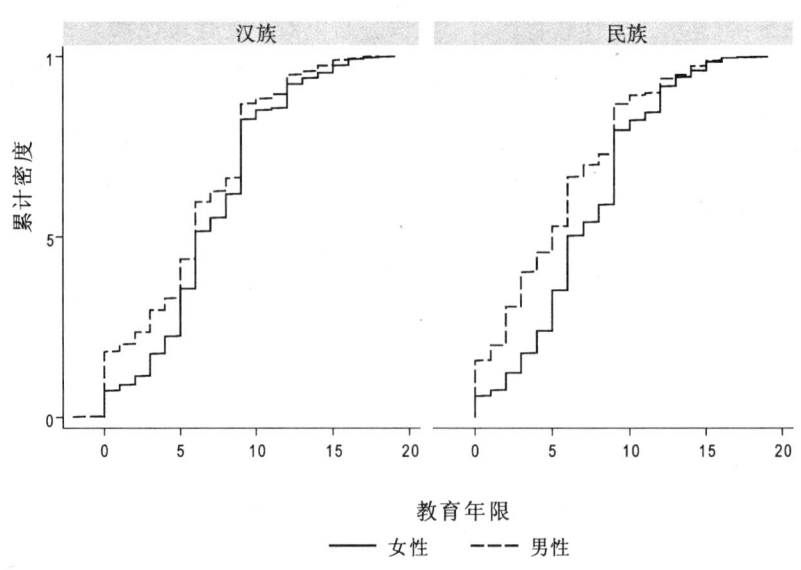

图5-4：汉族与少数民族成年男女教育的累计密度函数比较

分地区来看，教育性别差异表现各异，较为贫困的文山、保山、怒江和红河四个少数民族聚居的州市教育性别差异最大；经济相对发达的昆明、曲靖、玉溪等地教育的性别差异则相对较小一些（图5-5）。

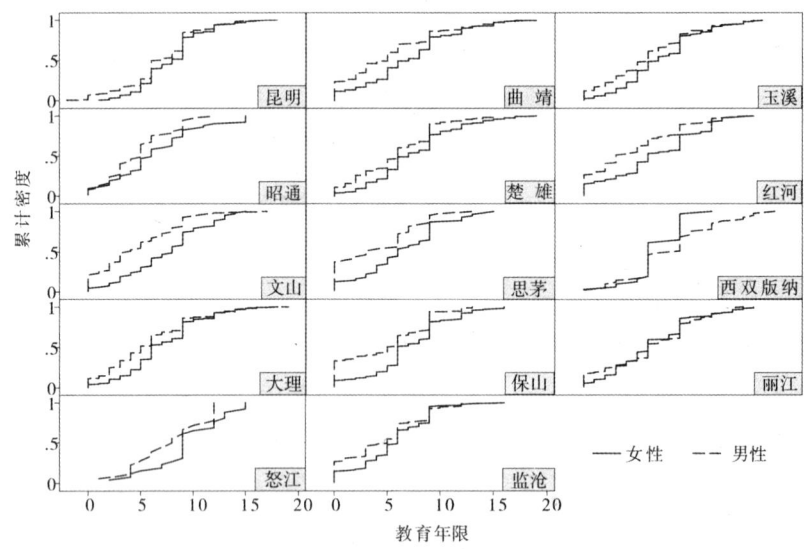

图5-5：分地区的成年男女教育的累计密度函数比较

以上的分析初步揭示了我省农村贫困地区教育性别差异的现状及其特征，但是本节的描述存在两个不足：第一、对于差异的结构没有能够分解为不同特征人群的比例，从而无法进一步分析教育性别差异的重点；第二、本节计算的差异指标仅仅是针对教育差异的本身，而非结合不同人群社会经济地位进行的教育性别差异比较。这两个不足在下一节借助差异的分解和引入集中指数（Concentration Index，以下简称CI）进行克服。

## 二、教育不平等分解及原因分析

首先对Gini系数（参见表5-1）按照性别进行Pyatt分解（Pyatt，1976），结果显示男女的教育差异解释了全部人群教育差异的20.2%；组内（男女内部）的教育差异解释了全部Gini系数的50.0%；交叠部分（无法分解的部分）占了全部差异的29.8%。虽然Gini系数无法完全分解，但是Pyatt分解的结果也说明，在全部人群的教育差异中，性别差异仅占1/5，主要的教育不平等源自于性别内部，而非男女之间的差异。

鉴于Gini系数存在分解不完全的缺点，通常的不平等解释借助于Theil指数的分解（李实，2003）。我们按照"性别"分解的结果显示，Theil指数几乎98%被性别内部的差异所解释，性别间差异的解释力不到2%；按照"地区"、"民族"、"收入五等分组"的分解结果也大致相同，都是组内之间的变异占了绝大部分比例。对于男女各自的教育差异按照这几个分组标志进行的分解也显示出组间变异很小的特征。这些计算说明，性别差异主要存在于单个的家庭层面，在一个群组的层面则没有显著规律。

一般的教育Gini系数或者Theil指数不能反应社会经济状况对于教育指标差异的影响。我们借助CI计算收入的差异造成的教育不平等情况。这里根据Kakwani, et al. (1997) 的研究，分别利用公式法和回归法计算CI及其区间，并绘制CI图形（图5-6：成人教育的CI曲线比较）进行不同收入分组导致男女教育的性别差异比较。这里有两点需要说明：第一、因为我们无法观察成年男女当时上学时候的家庭收入，因此，以现在收入代替过去收入暗含的假定是：样本农户的家庭收入流动性不强；第二、CI指数为0（CI曲线和45

度线重合），表示不同收入分组群体的教育完全相同，为负数则表示穷人受的教育优越于富人（CI 曲线凹向横轴），为正表示富人受的教育优越于穷人（CI 曲线凸向横轴），系数绝对值越大（CI 曲线曲率越高），表示不平等程度越高。

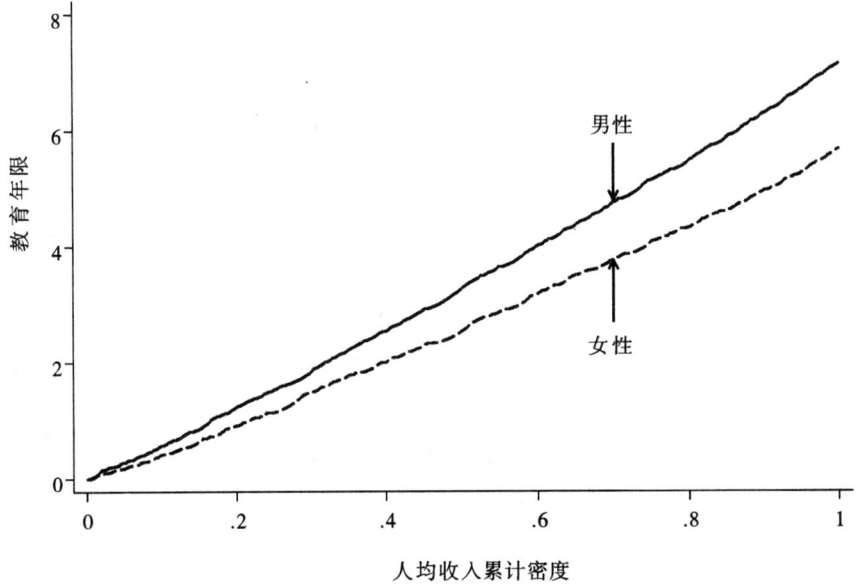

图 5-6：成人教育的 CI 曲线比较

从图 5-6 来看，男性在每一个收入分位上，教育程度都高于女性，并且较为接近 45 度线。具体的 CI 计算结果参见表 5-2：

表 5-2：成人教育的 CI 比较

| 方法 | 全部样本 | | 男性 | | 女性 | |
| --- | --- | --- | --- | --- | --- | --- |
|  | 公式法 | 回归法 | 公式法 | 回归法 | 公式法 | 回归法 |
| 集中指数 | 0.066 | 0.066 | 0.062 | 0.062 | 0.070 | 0.070 |
| 标准误 | 0.004 | 0.008 | 0.005 | 0.010 | 0.007 | 0.013 |

表 5-2 的结果表明，和收入相关的教育不平等，男性小于女性，并且两种方法都显示出这种差别在统计上显著。这个结果清晰地表明，女性的教育

不平等受经济原因的影响大于男性,这可以理解为在家庭资源有限的前提下,贫困农户家庭可能更为优先保证的是男性的教育投资,这与已有的研究相吻合(World Bank,2001a)。

## 三、第五章小结

本章通过描述统计方法对云南农村贫困地区的教育性别差异进行了比较和分析,主要发现包括农户成年男女的教育差异中女性群体较之男性群体显著要高,而且这种差异主要体现在家庭个体的层面,而非群体特征。对于教育性别差异分解的结果表明,教育性别差异主要可以由组内变化所解释,而组间特征解释力较小。男女教育性别差异主要存在于小学和初中阶段,但是发达程度不同的地区的差异特征各异:少数民族聚居的贫困地区教育性别差异尤其突出。

控制了家庭收入差异以后,女性教育不平等程度显著高于男性,这体现出家庭内部资源分配上的性别歧视。

因为成人教育的分析无法回溯过去的社会经济情况,因此本章的分析仅仅是描述性的初步结论,进一步的教育性别差异分析在第六章加以展开。

# 第六章 青少年教育差异的性别分析[①]

伴随着中国农村改革和经济发展，农村教育发生了巨大的变化。义务教育的确立和普及彻底改变了过去农村教育的落后状况。农村人均受教育水平持续提高，文盲率降低。然而在经济转型过程中，农村义务教育发展面临着严峻地挑战。贫困地区儿童上学困难，农村中小学辍学率比较高。从小学辍学率来看，全国2001年为0.27%；西部省份小学辍学率接近3%，显著高于全国平均水平。全国的初中辍学率为3.12%，而最高的辍学率地区集中在西部，尤其是农村贫困地区（蔡昉，2004）。蒋中一、冯赫（2002）的研究指出，造成西部农村孩子基础教育阶段辍学率高的原因包括家庭的教育环境和学校的教育质量。例如，城市小学教师大专以上学历的比例超过农村20多个百分点；城市初中专任教师的学历合格率超过92%，而农村不到85%。

由于西部教学条件比较艰苦，待遇较低，不少地区聘请代课教师解决日常教学中教师数量不足的问题，尤其以西部农村地区代课教师的比例最高。加之农村义务教育经费投入不足，使得贫困农村地区的办学条件和教育质量存在问题。这就影响了义务教育的基础，造成西部农村贫困地区辍学率居高不下。

世界银行（World Bank, 2006）的一份发展报告也指出，基础教育的质量对于家庭教育投资决策的影响是非常关键的，教育质量直接影响孩子的家庭做出辍学的选择。世界银行（World Bank, 2003）的另一项研究也发现，

---

[①] 高梦滔、和云：《教育质量与西部农村孩子辍学率：云南省的经验证据》，载《中国人口科学》2007（4），86～96页。发表时有删节。

非洲基础教育入学率持续增长并未能够带来经济的增长，这在很大程度上是由物质资本的匮乏、教育质量低下和辍学率较高所导致。

从主流经济学理论上说，家庭的子女教育投资决策是家庭生产函数和效用函数的最优化决策结果（Singh, et al., 1986），在此理论框架基础上，一些经验研究发现：教育质量对于教育产出①和延长受教育时间具有显著的正向影响（Behrman and Birdsall, 1983; Birdsall, 1985; Cox and Jimenez, 1990; Glewwe and Jacoby, 1994）。国内学者对于教育质量和辍学率关系严格地定量研究结果还比较缺乏，王冲（2003）和"农村基础教育的公共投入政策研究"课题组（2003）的两项研究，分别利用描述统计和个案分析的方法发现：农村中学教师学历和教师数量（每教师学生数）对于学生辍学率有一定影响。

但是已有的这些经验研究存在两个重要的不足：其一、利用"分数"或者"升学率"作为测量教育产出的指标容易产生严重的样本选择问题，因为辍学学生的这些指标可能观察不到；其二、以"升入上一级学校"估计条件Logit模型（CLogit）对于选择项独立性往往要做出不符合现实的假定，并且估计所需要的样本较大，同样存在样本的选择问题（Strauss and Thomas, 1995）。

在孩子辍学问题的经验研究中，在某一个时点上，典型的现象是观察到有些孩子辍学了，有些孩子还在读，并且由于孩子年级的不一样，辍学的可能性也存在差别。从直觉上来说，一个学生读的年级越高，可能就越容易离开学校。简单的使用"是否辍学"的二分因变量估计辍学可能性的话，没有充分利用已经在学校经历的时段信息，估计效率就会大打折扣。

鉴于上述学校质量与农村孩子失学率关系的重要现实意义和已有研究的不足，本章利用来自云南省的家庭调查微观数据库，使用生存模型，估计学校质量对于西部贫困农村地区教育质量对于孩子失学的影响。本章以下的论述分为三个部分：1. 数据介绍与描述统计；2. 计量模型与估计结果；3. 结论与评述。

---

① 以某种国际通行的测验分数和升入高一级学校的比例表征教育产出。

# 一、失学基本情况

按照学制和年龄,本文研究失学问题限制在 6～20 岁人群,共计 1422 人,包括在读的和已经离开学校的两种情况。样本从性别来看,6～20 岁人群的年龄均值和分布不存在显著差异。根据学制将 6～13 岁划为小学阶段,14～17 岁划为初中阶段,18～20 岁人群划为高中、中专阶段。其中前两个阶段按照普及九年义务教育项目,属于义务教育的阶段。从三个阶段的人群平均教育年限的比较可以看出,似乎并不存在性别差异(图 6-1)。

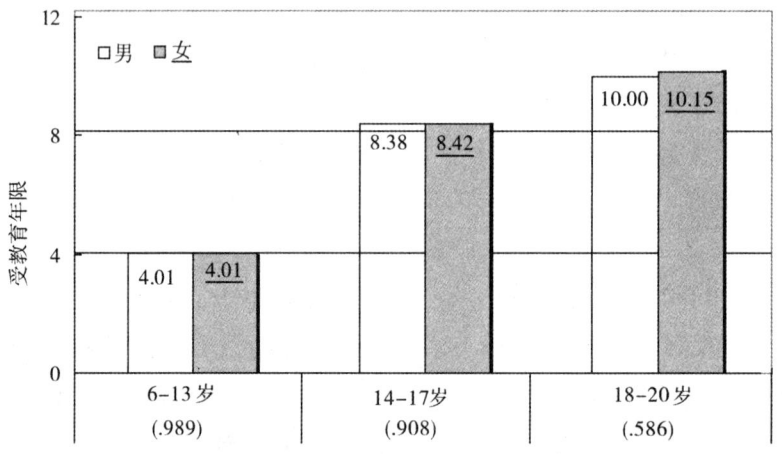

注:横轴下方括号内数字为 t 检验的 p 值。

图 6-1:不同年龄段人群受教育年限

实际上,图 6-1 的计算存在一个问题,对于还在读的孩子来说,在调查时点上的受教育年限仅仅按照已经完成的学习时间计算,也就是在调查时点上产生了数据的"审查问题"(Censoring)。利用寿命表(Life Table)的基本概念能够更为准确的刻画失学问题。简单地说,将调查时点上已经离开学校的人群记为"失效 =1",其他还在读的人群记为"失效(审查) =0";将 $d_j$ 和 $m_j$ 分别记为在 $j$ 学年段上失效(已经失学)和审查的(还在读)的人数,将 $N_j$ 记为 $j$

学年段上开始的总人数,则时段 $j$ 生存函数(依然在读)表为式(6.1):

$$S_j = \prod_{k=1}^{j} \frac{{}^nk - {}^dk}{{}^nk} \quad (n_k = N_k - m_k/2) \tag{6.1}$$

在式(6.1)中,${}^nk = N_k - m_k/2$ 表示在开始的 $j$ 学年段之调整因子。定义失效率 $f_j = d_j/N_j$ 则每组的风险函数 $\lambda_j$ 最大似然估计可以表为式(6.2):

$$\lambda_j = \frac{f_j}{(1 - f_j/2)(t_{j+1} - t_j)} \tag{6.2}$$

利用 $S_j$ 和 $\lambda_j$ 分别对时间 $t_{j+1}$ 作图,就是生存曲线和失学的风险曲线①,累计的风险曲线和生存曲线这二者类似一个镜子的两面,通常报告其中一种即可。

山区社会经济发展通常较之坝区落后,教育质量相对较低,这可能导致山区孩子较高的辍学率。利用前面介绍的寿命表图示山区和坝区孩子的教育生存曲线(图6-2上图),结果发现在小学阶段二者失学的可能性相似,大约有95%的孩子能够进入初中,在初中阶段,山区孩子的失学率显著地高于坝区孩子,山区孩子完成初中教育的概率大致低于坝区孩子2个百分点。义务教育阶段完成以后,辍学率出现一个急剧的增加,大约有一半的孩子能够完成高中或者中专阶段的学业,坝区孩子高中期间的辍学率甚至还高一些。对于这个现象有一个可能较为容易的解释就是,山区能够读到高中的孩子,其已经比坝区的孩子经过前期更为严格的淘汰和样本筛选。

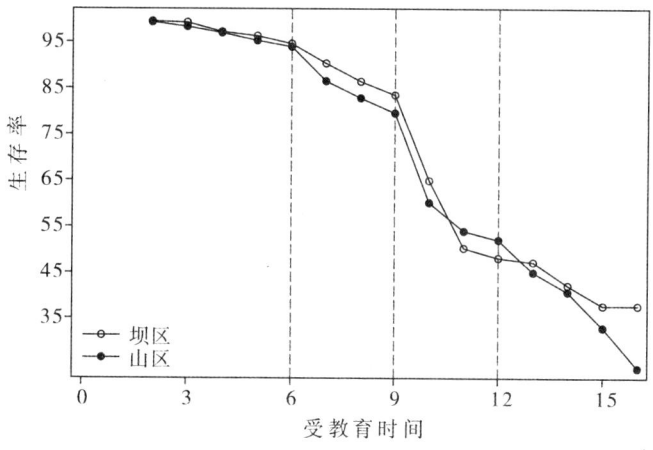

---

① 这里仅仅是简略的介绍,更为详尽的阐述可以参见 Cox, D. R., and D. Oakes, 1984, Analysis of Survival Data, Chapman & Hall, London.

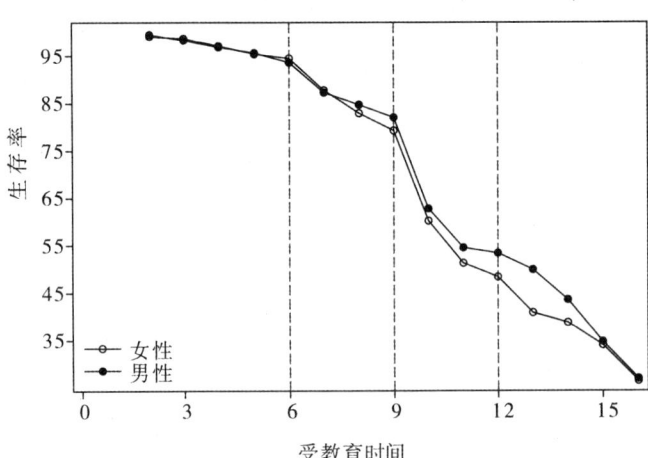

图 6-2：山区和坝区孩子教育生存曲线比较

总的来说，20 岁以下青年，坝区孩子能够获得 15 年教育的概率为 37.1%，山区仅为 24.1%。而性别的差异在义务教育 9 年阶段非常小，进入高中阶段以后女性辍学率开始高于男性（图 6-2 下图）。

寿命表的算法是按照时间分组的平均值给予输出的结果，本质上忽视了组内变异。更为严格的对于生存函数的描述可以利用 Kaplan – Meier 生存估计方法，使用乘积的极限方法是基于个体绘制生存函数和风险函数的。下面利用概率极限的方法估计和比较男女的教育生存函数和风险函数，结果（图 6-3）和寿命表估计结果类似。

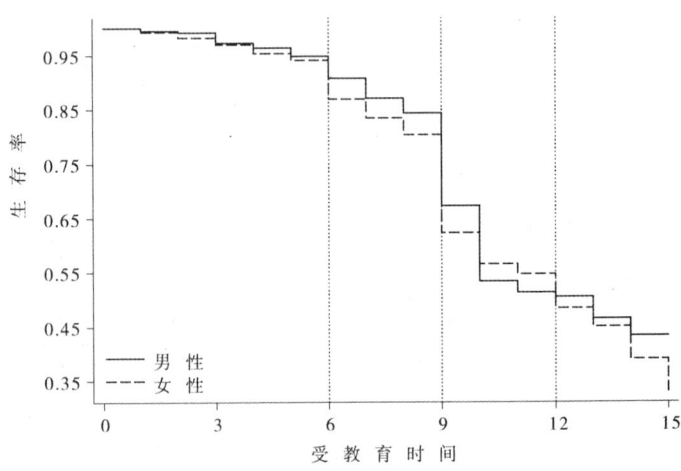

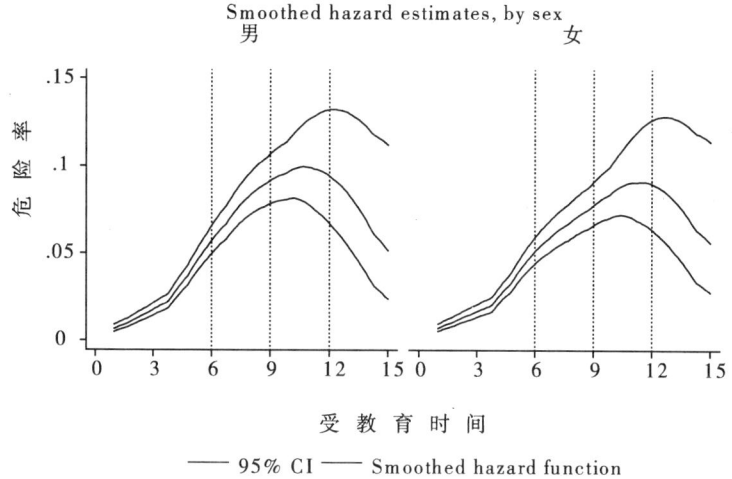

图6-3：教育生存函数和风险函数的 Kaplan-Meier 估计结果

本节利用寿命表和 Kaplan-Meier 生存对辍学率进行分析，虽然与均值方法相比较而言，解决了样本审查数据的问题，勾勒出了整个20岁以前阶段的辍学风险，但是这种分析还仅仅只是停留在描述统计的层面，要分析教育质量对于辍学的影响，需要控制其他的背景。这将在下一节使用持续模型（计量经济学文献常称为 Duration）的计量工具加以研究。

## 二、失学因素的分析

本节利用持续模型分析教育质量对农村孩子失学的影响。同时依据上节描述统计结果初步揭示的学习生存函数有可能存在的性别和地势分层，在模型设定的时候考虑适当的灵活形式。基本的计量模型框架设定如下：

$$S_j = \beta_{0j} + \beta_1 family + \beta_2 vill + \beta_3 school + \beta_4 teacher + \beta_5 other + \varepsilon_j \quad (6.3)$$

在式（6.3）中因变量 $S_j$ 表示继续上学的生存时间（对数形式），$family$ 表示影响孩子教育的家庭背景变量向量；$vill$ 表示影响孩子教育的社区特征变量向量；$school$ 和 $teacher$ 分别表示教育质量的学校和教师特征向量，系本文需要检验的关键变量；$other$ 是其他控制变量向量，$\varepsilon_j$ 为随机扰动项；诸 $\beta$ 为待估计参数，下标 $j$ 表示可以允许按照 $j$ 分组的人群拥有不同的生存（风险）函数形式设定，本文中，允许男孩、女孩风险函数形式不同，即有：$j = Male$, $Female$。

"教育质量"是个难以直接观察的指标，这里采用多维的测度方式表达，主要包含的变量有"所在班学生人数"、"每个教师平均学生数"表示师资充足程度；"学校总人数（百人）"表示学校规模；"班主任学历"变量采用哑元形式，以"初中及以下学历"为对照组，设定两个哑元"班主任学历 = 高中、大专"和"班主任学历 = 本科及以上"；并且控制"班主任性别"和"年龄"。因为所有任课教师的质量难以评价，使用班主任的特征代表教师素质。已经离开学校的孩子，报告的是最后阶段学校的这些指标。式变量描述统计结果在表6-1列示：

表6-1：失学方程变量描述统计结果

| 因变量 | 均值 | 中位数 |
| --- | --- | --- |
| 退出时间 | 7.624 | 8 |
| 失效率 | 0.315 | ~ |
| 解释变量 | 均值 | 标准差 |
| 性别哑元（女=1） | 0.481 | 0.500 |
| 年龄 | 14.721 | 4.014 |
| 父亲教育年限 | 6.491 | 3.081 |
| 母亲教育年限 | 4.954 | 3.415 |
| 家庭人口数 | 4.389 | 1.058 |
| 家庭负担系数 | 0.208 | 0.207 |
| 人均消费对数 | 6.667 | 1.038 |
| 少数民族=1 | 0.608 | 0.488 |
| 6~20岁兄弟姐妹哑元（有=1） | 0.677 | 0.468 |
| 到校需要时间（小时） | 2.182 | 6.124 |
| 地势哑元（坝区=1） | 0.302 | 0.459 |
| 班主任性别（女=1） | 0.405 | 0.491 |
| 班主任年龄 | 34.668 | 7.089 |

续表

| 因变量 | 均值 | 中位数 |
|---|---|---|
| 所在班学生人数（人） | 44.051 | 24.645 |
| 每个教师平均学生数 | 19.380 | 13.393 |
| 班主任学历=高中、大专 | 0.631 | 0.483 |
| 班主任学历=本科及以上 | 0.349 | 0.477 |
| 学校总人数（百人） | 16.855 | 38.289 |

描述统计的结果显示，样本人群平均完成的教育年限为7.62年，未完成9年的义务教育，平均的中途失学率为31.5%。

常见的估计式（6.3）的生存函数模型采用带有解释变量的生存函数向量形式 $lns_j = x_j\beta + \varepsilon_j$；根据对扰动项 $\varepsilon_j$ 的密度函数 $f(\cdot)$ 的假定，常用的函数形式包括 Weibull，log-logit，Lognormal 和广义的 gamma 模型，因为对 $f(\cdot)$ 有明确的假定，这些模型本质上属于参数估计的范畴。此类模型在经济学上的应用还不是非常普遍，一个生存模型（或者 Duration 模型）在经济学研究中应用的文献评述可以参见 Kiefer（1988）的论文。此处为了估计的稳健性，同时报告了4种对于 $f(\cdot)$ 不同设定情形下的估计结果（表6-2）：

表6-2：学生受教育的生存模型参数估计结果

| 参数模型 | weibull | log-logit | lognormal | general gamma |
|---|---|---|---|---|
| 解释变量 | HR/（t value） | HR/（t value） | HR/（t value） | HR/（t value） |
| Constant | 2.004*** | 3.157*** | 2.424** | 5.461*** |
|  | (-4.268) | (3.000) | (2.359) | (4.985) |
| 性别哑元（女=1） | 1.276** | 1.019*** | 1.071*** | 1.018*** |
|  | (2.218) | (2.366) | (2.993) | (2.276) |
| 年龄 | 1.017 | 1.007 | 1.023* | 0.996 |
|  | (0.380) | (0.515) | (1.685) | (-0.300) |
| 父亲教育年限 | 0.941** | 0.983** | 0.977** | 0.982** |
|  | (-2.000) | (-2.028) | (-2.401) | (-1.964) |
| 母亲教育年限 | 0.912*** | 0.977*** | 0.971*** | 0.976*** |
|  | (-2.929) | (-2.878) | (-3.155) | (-2.657) |
| 家庭人口数 | 1.101 | 0.979 | 0.984 | 0.971 |
|  | (1.192) | (-1.005) | (-0.676) | (-1.281) |

续表

| 参数模型 | weibull | log-logit | lognormal | general gamma |
|---|---|---|---|---|
| 解释变量 | HR/（t value） | HR/（t value） | HR/（t value） | HR/（t value） |
| 家庭负担系数 | 1.040 | 0.973 | 0.965 | 0.995 |
|  | (0.066) | (-0.171) | (-0.199) | (-0.029) |
| 人均消费对数 | 0.974 | 1.006 | 0.993 | 1.007 |
|  | (-0.322) | (0.283) | (-0.284) | (0.292) |
| 少数民族=1 | 1.367*** | 1.083* | 1.076 | 1.114** |
|  | (2.635) | (1.818) | (1.443) | (2.384) |
| 6~20岁兄弟姐妹哑元（有=1） | 0.802 | 1.084 | 1.139** | 1.059 |
|  | (-1.262) | (1.636) | (2.343) | (1.104) |
| 到校需要时间（小时） | 1.004 | 1.007 | 1.007 | 1.007 |
|  | (0.735) | (0.659) | (1.331) | (0.582) |
| 地势哑元（坝区=1） | 0.933*** | 0.908** | 0.922** | 0.931** |
|  | (-2.759) | (-2.179) | (-2.170) | (-2.564) |
| 班主任性别（女=1） | 1.221 | 0.939 | 0.890** | 0.952 |
|  | (1.242) | (-1.412) | (-2.295) | (-1.074) |
| 班主任年龄 | 1.003 | 1.000 | 1.000 | 0.998 |
|  | (0.260) | (0.103) | (-0.104) | (-0.517) |
| 所在班学生人数（人） | 1.075*** | 1.009*** | 1.008*** | 1.007*** |
|  | (3.519) | (4.018) | (3.687) | (3.347) |
| 每个教师平均学生数 | 1.012*** | 1.006** | 1.005** | 1.007*** |
|  | (2.992) | (2.337) | (2.487) | (2.949) |
| 班主任学历=高中、大专 | 0.357** | 0.659 | 0.600*** | 0.759 |
|  | (-2.016) | (-1.488) | (-2.410) | (-1.696) |
| 班主任学历=本科及以上 | 0.136*** | 0.522** | 0.473*** | 0.571*** |
|  | (-3.511) | (-2.279) | (-3.477) | (-3.374) |
| 学校总人数（百人） | 0.989 | 1.003 | 0.998* | 1.003 |
|  | (-1.583) | (1.592) | (-1.947) | (1.459) |
| ln_p（女=1） | 0.018 |  |  |  |
|  | (0.134) |  |  |  |
| Constant | 1.265*** | -1.397*** | -0.619*** | -1.441*** |
|  | (12.205) | (-11.114) | (-4.989) | (-8.543) |

续表

| 参数模型 | weibull | log–logit | lognormal | general gamma |
|---|---|---|---|---|
| 解释变量 | HR/(t value) | HR/(t value) | HR/(t value) | HR/(t value) |
| ln_gam（女=1） |  | 0.184 |  |  |
|  |  | (1.099) |  |  |
| ln_sig（女=1） |  |  | 0.326** | 0.162 |
|  |  |  | (2.051) | (0.565) |
| kappa（女=1） |  |  |  | 0.453 |
|  |  |  |  | (0.900) |
| Constant |  |  |  | 1.388*** |
|  |  |  |  | (4.578) |
| 对数似然 | −263.141 | −265.507 | −281.977 | −261.755 |
| 模型总显著性LR检验chi²值 | 139.028*** | 127.898*** | 148.705*** | 116.495*** |
| 联合检验学校质量chi²值 | 47.000*** | 45.890*** | 41.350*** | 42.630*** |

注：***：1%水平上显著；**：5%水平上显著；*：10%水平上显著，（）内数字为t值。

估计结果报告的是系数的exp值，这其实就是相对的危险度（Hazard Ratio）[1]，其含义是自变量每增加一个单位，失学的风险变化的倍数，HR大于1表示增加失学风险，缩短孩子受教育年限，反之，HR小于1表示减少失学风险，延长孩子受教育年限。

生存模型参数的估计结果以weibull模型为例，进行解释。估计结果显示，在控制其他变量的情况下，女孩的失学概率是男孩的1.276倍，并且在统计上的差异非常显著；父母的教育都具有明显降低子女辍学概率的作用，并且和已有的研究一致，似乎母亲教育的作用更大一些。正式使用Wald检验[2]父母教育作用相等的假设，4个模型的结果都在10%的水平上显著，这说明母亲教育具有更为重要的促进子女教育的作用。地势哑元的估计结果清楚地表明坝区孩子相对山区孩子具有较低的失学风险，这与寿命表的直观描述比较

---

[1] 对于这里系数的含义理解，可以比照标准的Logit模型，二者大体类似。
[2] 模型本质上是非线性的形式，使用F检验不适宜。

结果（图6-2：山区和坝区孩子教育生存曲线比较）一致。"所在班学生人数"和"每个教师平均学生数"估计结果表明，学校师资不足容易导致更高的失学风险，并且二者的效应强度大致相等。班主任学历提高对于降低孩子失学风险具有显著的正向作用，考虑存在教师素质随时间推移而提高的因素，在模型估计中包含孩子年龄和教师年龄的目的就在于控制时间推移导致的环境变化因素。学校总人数（表征学校规模）对于孩子失学没有显著影响。利用 Wald 联合检验教育质量 5 个变量的 chi2 值列示在表的最后一行，结果清晰的表明，教育质量对于学生辍学风险的联合影响非常显著。

对于表 6-2 下半部分辅助参数的解释较为复杂和繁琐，这里仅仅以 weibull 模型为例加以说明，需要详细了解的读者可以参见文后 Kiefer 的文献。在模型中设定的"lnp（女=1）"表示允许男孩与女孩的风险分布形状参数可以不同，lnp 值为 0.018（p = exp（ln_p）= 1.018），Constant 为 1.265（exp（Constant）= 3.543）；表示男女的条件风险函数 $\hat{h}(t_j \mid x_j)$ 分别为男孩，女孩，在本文的估计中，lnp 不显著，可以认为男孩与女孩的风险函数为同一个函数，但是 Constant 显著大于 0 [即 exp（Constant）显著大于 1] 揭示出风险存在一个随时间的加速度，拒绝了在完全教育年限时段上风险成比例的假设，图6-3：教育生存函数和风险函数的 Kaplan-Meier 估计结果的下图"非条件风险函数的描述统计"也直观揭示了这一点，只是 Constant 显著性严格证明了风险不成比例，因此在 weibull 模型估计时候采用的是加速矩阵，而非比例风险矩阵。其他模型的辅助参数则根据设定的不同，具有各自的含义，广义的 gamma 模型具有两个辅助参数。

表6-2 的生存函数估计揭示出教育质量对于孩子辍学率具有显著的影响，但是模型的这些参数估计方法存在两个重要的问题尚未解决：其一、在密度函数 $f(\cdot)$ 的假定下，4 种模型的一些关键参数估计结果波动较大。例如"性别哑元"、"班主任学历哑元"估计的结果差异很大，这样对模型设定的稳健性（Robustness）产生质疑；对于密度函数 $f(\cdot)$ 有不同假定的几种竞争模型固然可以考虑使用 AIC 原则进行挑选，但不是最好的处理办法，并且有数据开采的嫌疑；其二、几种参数模型暗含的假定都是生存时间是连续变量，但事实上，孩子教育年限是一个离散的时间变量。鉴于参数估计存在的这两个严重的估计问题，下面放松对于密度函数 $f(\cdot)$ 的参数假定，转入

半参数的 Cox 模型来改善估计。

Cox 风险模型的基本形式为式（6.4）：

$$h_i(t) = h_{0i}(t) \exp(x\beta) \tag{6.4}$$

在式（6.4）中，$h_i$ 表示第 $i$ 组的风险率，$h_{0i}(t)$ 是第 $i$ 组的风险基础函数。根据 weibull 模型的估计结果，性别分组的风险函数差异不明显，考虑图 6-2：山区和坝区孩子教育生存曲线比较揭示的山区和坝区的生存函数可能存在的结构性差异。在对设定式进行估计的时候，分别表示山区和坝区可能面临不同的基础风险。因为我们的数据使用的是离散时间测度教育年限，所谓的"结"（Ties）较多，为了获得参数的一致估计，需要采用精确的偏微分方法获得系数向量的最大似然估计结果①。首先对于山区和坝区的分组估计合理性进行了 Kaplan–Meier 检验，观察 Cox 模型的风险基础函数预测值产生的生存线是否和 Kaplan–Meier 生存线足够接近。如果非常接近和相互平行则没有必要分组设定，否则函数违反比例风险假定，需要分开设定，结果列示在图 6-4：

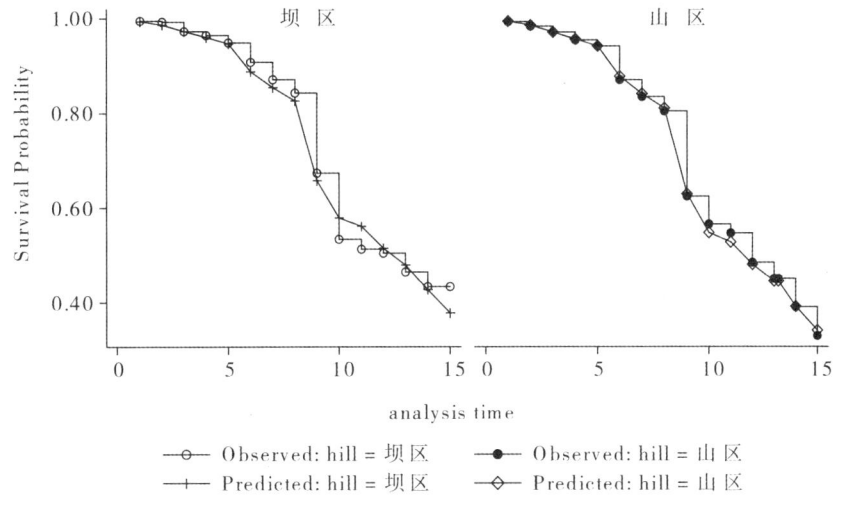

图 6-4：Cox 模型设定的 Kaplan–Meier 检验结果

---

① 这种方法本质上等同于在每一个离散的时间段上进行条件 Logit 模型的估计，计算量较大，非常耗时。

从图形观察，两组实际线和预测线还是存在一定的差异，并且有些部分出现交叉，因此分开基础风险设定来进行估计是合适的。考虑到扰动项 $\varepsilon_j$ 在同一个村庄内部有可能存在的相互不独立情况，在估计的时候进行了标准误的 Cluster 校正（Deaton，1997）。不同设定的估计结果列示在表 6-3。

表 6-3：学生受教育的 Cox 模型参数估计结果

| Cox 模型 解释变量 | Cox1 HR/（t value） | Cox2 HR/（t value） | Cox3 HR/（t value） | Cox4 HR/（t value） |
|---|---|---|---|---|
| 性别哑元（女=1） | 1.076*** | 1.086*** | 1.092*** | 1.120*** |
|  | (2.490) | (2.503) | (2.534) | (2.719) |
| 年龄 | 1.022 | 1.033 | 1.029 | 0.971 |
|  | (0.617) | (0.840) | (0.721) | (-0.776) |
| 父亲教育年限 | 0.938** | 0.933** | 0.933** | 0.913*** |
|  | (-2.059) | (-2.114) | (-2.083) | (-3.085) |
| 母亲教育年限 | 0.911*** | 0.900*** | 0.899*** | 0.920*** |
|  | (-3.016) | (-3.157) | (-3.182) | (-2.777) |
| 家庭人口数 | 1.093 | 1.113 | 1.110 | 1.048 |
|  | (1.068) | (1.201) | (1.173) | (0.636) |
| 家庭负担系数 | 1.142 | 1.190 | 1.104 | 1.776 |
|  | (0.218) | (0.265) | (0.151) | (0.935) |
| 人均消费对数 | 0.981 | 0.974 | 0.983 | 0.954 |
|  | (-0.246) | (-0.301) | (-0.199) | (-0.595) |
| 少数民族=1 | 1.284** | 1.235*** | 1.136*** | 0.827 |
|  | (2.493) | (2.715) | (2.692) | (-1.174) |
| 6~20 岁兄弟姐妹哑元（有=1） | 0.812 | 0.773 | 0.772 | 0.721* |
|  | (-1.247) | (-1.417) | (-1.415) | (-1.938) |
| 到校需要时间（小时） | 1.021 | 1.024 | 1.024 | 1.073*** |
|  | (1.094) | (1.155) | (1.165) | (2.921) |
| 地势哑元（坝区=1） | 0.651** | 0.617** | ~ | ~ |
|  | (-2.448) | (-2.542) | ~ | ~ |
| 班主任性别（女=1） | 1.118 | 1.172 | 1.179 | ~ |
|  | (0.713) | (0.926) | (0.957) | ~ |
| 班主任年龄 | 1.000 | 0.998 | 1.000 | ~ |
|  | (0.012) | (-0.154) | (-0.037) | ~ |

续表

| Cox 模型 | Cox1 | Cox2 | Cox3 | Cox4 |
|---|---|---|---|---|
| 解释变量 | HR/（t value） | HR/（t value） | HR/（t value） | HR/（t value） |
| 所在班学生人数（人） | 0.976*** | 0.972*** | 0.971*** | ~ |
|  | (-3.766) | (-4.012) | (-4.083) | ~ |
| 每个教师平均学生数 | 1.014*** | 1.016*** | 1.016*** | ~ |
|  | (2.876) | (2.972) | (2.880) | ~ |
| 班主任学历=高中、大专 | 0.365** | 0.340** | 0.329** | ~ |
|  | (-2.103) | (-2.035) | (-2.079) | ~ |
| 班主任学历=本科及以上 | 0.146*** | 0.118*** | 0.114*** | ~ |
|  | (-3.933) | (-3.937) | (-3.976) | ~ |
| 学校总人数（百人） | 0.990** | 0.989*** | 0.989*** | ~ |
|  | (-2.444) | (-2.601) | (-2.578) | ~ |
| 学校质量主观评价=较好 | ~ | ~ | ~ | 1.146 |
|  | ~ | ~ | ~ | (0.361) |
| 学校质量主观评价=一般 | ~ | ~ | ~ | 1.641 |
|  | ~ | ~ | ~ | (1.106) |
| 学校质量主观评价=差 | ~ | ~ | ~ | 1.657* |
|  | ~ | ~ | ~ | (1.989) |
| 学校质量主观评价=较差 | ~ | ~ | ~ | 3.286*** |
|  | ~ | ~ | ~ | (2.524) |
| 对数似然 | -1012.794 | -578.506 | -549.644 | -620.255 |
| 模型总显著性 LR 检验 chi² 值 | 135.384*** | 152.016*** | 151.196*** | 70.346*** |
| Pseudo-$R^2$ | 0.163 | 0.116 | 0.121 | 0.114 |
| 联合检验学校质量 chi² 值 | 50.810*** | 55.990*** | 55.430*** | 48.320*** |

注：***：1%水平上显著；**：5%水平上显著；*：10%水平上显著，（）内数字为 t 值。

表 6-3 中，Cox1 和 Cox2 是不做地形分开设定的联合估计结果，Cox1 是未作离散时间调整的初步估计，Cox2 是离散时间调整的结果，离散设定的一个显著特征是增加系数估计的标准误，但是对于显著性没有影响。Cox3 是分

开设定地势哑元的估计结果，和 Cox2 的结果非常接近。Cox4 是利用家长对学校主观 5 级评价指标（"质量非常好"为对照组，展开成 4 个哑元进入模型）取代客观评价指标的估计结果。对系数的讨论以 Cox3 为主。

估计的结果显示，女性失学的危险是男性的 1.1 倍；母亲和父亲教育每增加 1 年分别可以降低 10% 和 7% 的失学危险概率，约束条件检验结果显示母亲教育降低失学可能性的作用显著比父亲教育要大。家庭的人口学特征和"消费"表现的长期收入水平，对于孩子辍学没有影响，一种可能的解释是，父母教育和家庭长期收入水平之间存在的高度共线性所致。和参数模型估计结果（表 6-2）相比较，"所在班学生人数"的影响由增加危险变为减少危险，并且统计上非常显著。同时学校整体的师资充足能够显著的降低学生失学危险，以学生总人数表示的学校规模越大越能够降低失学风险。这 3 个系数的综合考虑揭示出，似乎在基础教育阶段还是存在有一定的规模经济，只要师资充足，扩大办学规模和班级规模是有助于减少贫困农村辍学率的措施。和通常的直觉不同，到学校的距离并没有对失学产生显著影响，学校的集中规模一定程度上可以不受距离增加的影响，从而减少辍学率[①]。

在参数模型的估计中，班主任学历"高中中专"组的作用比"本科及以上"组的作用要大。在半参数的 Cox 模型估计结果中，则显示出，班主任学历越高对于降低学生辍学风险作用越大。相对初中及以下的学历，班主任学历"本科及以上"可以使失学危险降低 90%，"高中、大专"可以降低失学风险 70%。系数效应报告的是整个区间内的平均水平，为了完整地勾勒这种效应在整个教育阶段上的变化，这里采取在控制其他解释变量（取均值）条件下绘制不同班主任学历层次的预测风险曲线族进行比较的办法，使结果展现得更加清晰和完整。从图 6-5 的期望风险曲线的比较可以看出，在其他条件相等的情况下班主任学历提高对于降低各个时间段的失学风险都具有显著的作用。

---

① 例如学校规模较大，可以考虑提供住校条件和伙食的集中供应，抵消学校集中带来"到学校的距离"增加而产生的副作用。

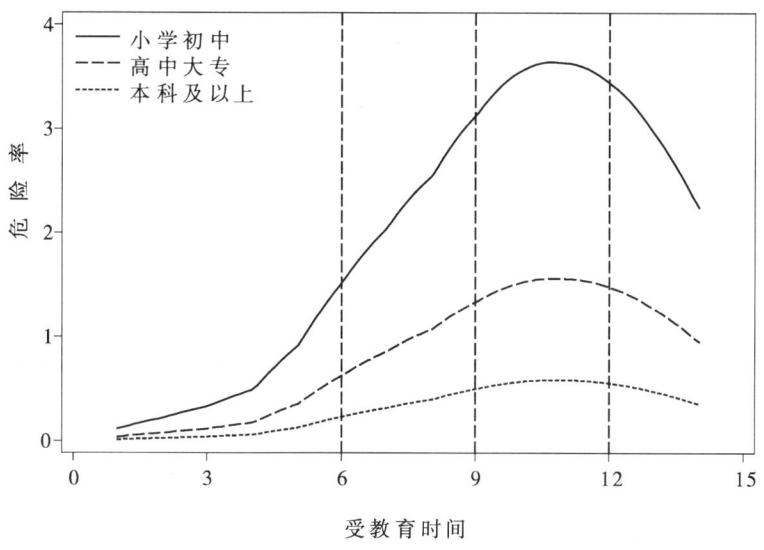

图6-5：班主任学历层次的孩子失学期望风险曲线

即便是在小学阶段也是如此，教师的素质好坏对于基础教育的影响至关重要。固然，高学历的教师可能更容易集中在质量较好的学校，教师学历系数表征的还可能是没有观察到的学校质量对于降低失学风险的影响。

同样的方法，在控制其他解释变量取均值条件下绘制男女失学的预测风险曲线进行比较，结果（图6-6）显示女孩的失学风险在各个时间段上都

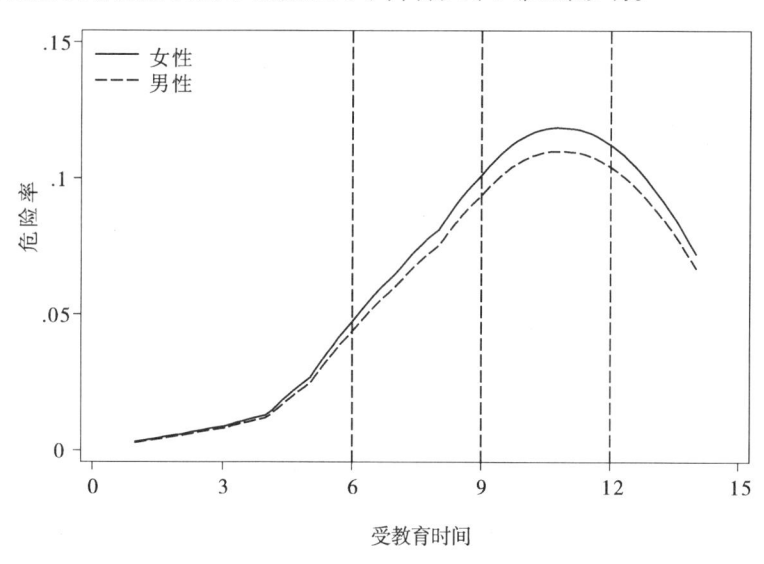

图6-6：分性别孩子失学期望风险曲线

高于男孩,但是这种差异的拉大主要是在初中阶段开始的,男孩和女孩在全部教育时段上面临风险的变化轨迹几乎一样。

虽然我们的问卷无法捕捉到更多的学校质量信息,但是利用主观学校质量评价取代客观指标的估计,其他解释变量的系数变化不大,在一定程度上证明了研究模型设定是较为稳健的,只是对几个学校和教师诸自变量的解释(Interpret)需要谨慎,因为他们分别包含了观察不到的教育质量的影响。但是无论如何,教育质量对于降低贫困农村地区孩子辍学率的重要作用是不容忽视的。

## 三、第六章小结

本章利用生存模型分析了教育质量对于山区农村孩子失学概率的影响,半参数稳健估计的结果显示出父母教育程度的提高对于降低孩子辍学率具有显著的正向影响,尤其是母亲教育的影响作用更大。学校的规模和师资充足对减少学生辍学的可能性有显著影响,在贫困农村地区的基础教育中,存在一定程度的规模经济效应。以班主任素质表示的教师和学校质量水平对于降低孩子辍学具有重要的影响,并且这种影响存在于孩子基础教育的各个阶段。在控制其他条件的情况下,本文的估计结果还发现农村贫困山区孩子辍学率的两种分层现象:山区孩子辍学率高于坝区,女孩辍学率高于男孩。

从本章的结论来看,教育质量的提高对于有效降低农村孩子辍学率具有显著的作用。但是提高贫困农村地区尤其是山区的教育质量、教师素质,首先需要解决的是人力资本基础投资的区域公平与效率的问题。在贫困地区,相对于收入水平来说,教育和医疗成本非常高,限于财力,政府投入又非常低。500个到2001年尚未实现"普九"义务教育目标的县,大多数是山区贫困县。中央虽然已经加大"普九"的财政投入,但是地区差异非常惊人,例如,在2001年贵州和青海省平均每个初中生财政支出分别为196元和219元;全国平均为403元,两个省小学生人均财政支出为76和112元,全国同期平均为218元(世界银行,2004)。从更为宏观的层面上来说,中国教育投入过多地向高等教育倾斜,对于基础教育的投入不足,将产生长期、严重的不平等后果；教育资金的高度集中，也要求从整体上改革政府间财政体系。教育投入的严重不足必将拉大地区之间教育质量的差距，影响孩子辍学率。这样，西部本来就较为不足的教育投入，其资金使用的效率又会大打折扣。其他国家的经验也表明，教育质量，尤其是基础教育的质量不仅仅体现在入学率上，还体现在学生能够留在学校，学到有用的东西。本文的研究还发现，一定程度上的基础教育规模经济有助于提高教学质量、降低辍学率、提高资金的使用效率。这种质量改善可能体现在教师管理、教师素质提高、学生住宿条件和给与补贴的集中伙食供应、改善课程设置等诸多方面。

本文的另一个重要结论是存在辍学率的性别差异，女孩辍学风险高于男孩，差距在初中阶段开始拉大。这样产生的后果是长期的，因为本文研究同时还揭示出母亲教育对于子女教育的促进作用显著大于父亲。母亲是孩子的第一个老师，提高女孩的教育水平，降低女孩辍学率涉及人口素质代际传递的问题。但从平均数的简单比较（图6-1：不同年龄段人群受教育年限）没有发现这种性别差异，从风险角度揭示辍学性别差异的存在是本文在方法应用方面的一个改进。这种差异表明基础教育质量的提高必须同时伴随性别视角，至少World bank（2003b）在巴基斯坦的基础教育研究中发现，学校修建专门的女厕所有助于显著降低女孩辍学率就是一个明证。

本章利用生存模型估计方法，较之已有的同类研究来说，有效处理了数据审查的问题，使得估计结果更为有效和一致。但是受数据和方法的限制，本文的估计存在两个需要改进的重要方面：其一，本文利用的是横截面数据，暗含假定了解释变量都为非时变的静态特征，数据库对于教育质量的测度指标还不充分，估计的参数中包含的异质性影响无法剔除；其二，因为生存函数估计方法本身还远未成熟，对于内生问题和函数形式还缺乏有效的处理手段，因此本文的估计也仅仅是一个尝试性的开端。

# 第七章 外出就业的性别差异分析[①]

世界银行最近的一份《世界发展报告》以"发展和下一代"为题,强调青年的问题。之所以用"青年"为主题,在很大程度上是因为青年阶段正是经济上走向独立、开始组建自己的家庭,广泛参与社会生活的个人关键转折时期(World Bank,2006),是个人的"人生变局"。中国从1978年开始的市场化转轨进程至今已近三十年。这个阶段可以说是整个社会经济制度、思想等各个方面之"大变局"。现在的中国青年人绝大部分是在这个阶段成长起来的,以其亲身经历体验了随转型而带来的教育改善、营养卫生条件提高等优于父辈的物质文化水平,当然也面临诸多的新问题,例如空前就业压力。中国青年目前正处于这种社会与个人双重的巨变之中,青年问题是目前中国能否把握"人口红利",进一步促进发展的关键课题。

对于农村,尤其是贫困山区的农村青年来说,"走出村庄",特别是外出的非农就业经历将是人生道路的关键一步。大量的研究表明,改革开放以来,农民收入增长的一个关键突破口就在于非农就业(李实,2003;张平,1999;朱农,2005)。农村青年正处于经济独立的转折期,非农就业的收益存在于两个方面:其一、直接方面,外出就业获得工资,可以直接增加短期收入;其二、间接方面,外出就业获得的经历、培训与其他技能的提高,对农村青年可以视为一项人力资本的"干中学"投资,对于提高长期收入水平具有积极的作用。并且这种非学校教育的"干中学"投资在某些方面,对农村地区的收益率还高于正规学校教育,尤其对于山区农村贫困地区而言更是如此(Fer-

---

[①] 本章颜明完成初稿,发表于《中国农村观察》,2008年第6期,28~34页。发表时有较大删节,本章进行了大量的修改。

reira；Huffman）。

但是，对于农村青年外出就业的影响方面，国内学者的研究大多处于以基本的描述和定性分析为主的阶段。文军（2001）提出：在农民外出就业发生初期，往往更多表现的是生存理性选择，随着外出寻求就业次数的增多和时间的拉长，社会理性选择和经济理性选择将表现得越来越突出。陈春霞（2006）的研究发现经济收入对农村女性劳动力外出就业决策的影响不是主要的，而个人及家庭因素的影响较显著。年龄对农村女性劳动力外出就业倾向的影响呈现"倒U型"特征，并在婚龄前后达到最大值；初中教育对农村女性劳动力外出就业倾向的影响作用超过其他教育水平。曹广忠（2002）对宁夏固原县外出就业者的描述统计发现外出就业劳动力在年龄、受教育程度和所从事工作类型方面都有自己的特征，并且这些结构特征与他们就业的地区分布具有一定的相关关系。国内目前专门针对青年的外出就业选择的定量研究成果还比较缺乏。

本章利用云南省2006年的农户数据对农村贫困山区青年的外出就业选择影响因素进行实证分析，描述处于不同年龄阶段青年的外出就业选择的结构特征和性别差异。本章根据世界银行（World Bank，2006）的划分方法[①]，将"青年"定义为12~24岁的人群。本章的论述将分为三个部分展开：1. 外出就业基本情况；2. 外出就业影响因素与性别差异分析；3. 本章小结。

# 一、外出就业基本情况

根据前述"青年"的操作化定义，我们样本中12~24岁的青年人样本数为1794人。因为中国实行九年义务教育制度，农村"普九"工作进展也较快，按照通常7岁入学计算，将12~16岁划分为"义务教育阶段的青年"；中国法定婚龄女性20岁为低限，因此17~20岁人群划为"组成家庭前准备

---

① 这其实是一种"操作化"的定义，划分的依据和详细理由可以参见："What is youth"，World Bank，2006，World Development Report 2007：Development and The Next Generation，The World Bank，Washington，D. C.。

阶段的青年";21~24 岁农村青年大多已经离开学校,经济上开始走上独立的道路,将此年龄段划分为一组。这样的 4 岁一组地划分难免有些主观,但是可以清晰的对比和归纳各个年龄阶段青年的一些特征。样本年龄段和性别分布情况报告如下(表 7-1):

表 7-1:样本青年年龄与性别结构

| 青年年龄段 | 性别 | 男性 | 女性 | 合计 |
| --- | --- | --- | --- | --- |
| 12~16 | 样本数 | 229 | 227 | 456 |
| | 百分比 | 50.2% | 49.8% | 100.0% |
| 17~20 | 样本数 | 317 | 325 | 642 |
| | 百分比 | 49.4% | 50.6% | 100.0% |
| 21~24 | 样本数 | 374 | 322 | 696 |
| | 百分比 | 53.7% | 46.3% | 100.0% |
| 合 计 | 样本数 | 920 | 874 | 1794 |
| | 百分比 | 51.3% | 48.7% | 100.0% |

使用 $Chi^2$ 检验的结果表明,在三个年龄组上性别的分布都不存在显著的差别,样本青年的性别分布无偏,为下面的性别视角分析提供保证。

在学校期间,青年们学习知识,积累人力资本。同时,随着年龄的增长,他们的身高体重也在增加,这些变化都为将来创造收入进行着必要的前期准备(图 7-1)。样本青年平均身高大致在 20 岁停止增长,此时男性平均身高约 170 厘米,女性约 160 厘米。随着近年农村教育状况的改善,男女青年平均来说,都可以接受到 11 年左右的学校教育,青年们教育程度基本达到高中毕业水平,并且男女之间差异很小。

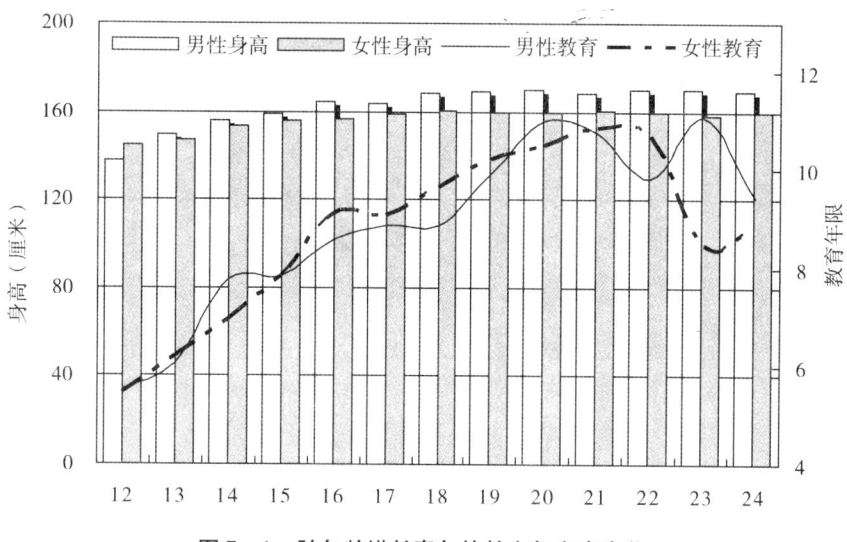

图 7-1：随年龄增长青年的教育与身高变化

随着年龄的增加，青年逐渐离开学校成为劳动力，需要通过自己的劳动逐渐过渡到经济上独立和组成家庭的人生阶段。在成为劳力的过程中，我们的样本显示，男女青年的轨迹基本一致，不存在显著的性别差异（图7-2）。现在的青年们与他们的长辈相比较，有更多的机会接受教育。在义务教育完成，即16岁时，仅有5.2%的男性和4.5%的女性成为劳动力；在24岁时有将近一半的青年成为劳动力，近10%的青年处于未升学也没参加劳动的闲置状况，大约40%的青年24岁时依然在各类学校进行学习。正式的使用 $Chi^2$ 检验的结果表明，三个年龄段上男女青年离开学校的比例不存在显著的性别差异。

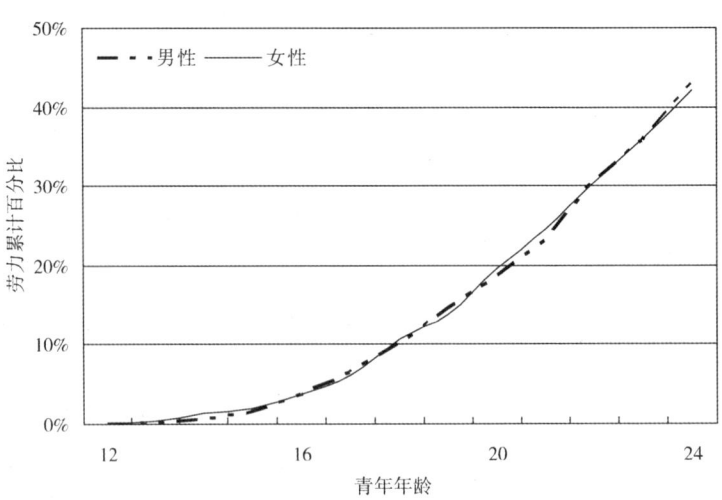

图7-2：随年龄增长青年成为劳力比例的变化

本章关注的就是这些离开学校，开始成为劳动力青年的选择：留在家里还是走出村庄？外出就业对于这些青年终身（Life Cycle）收入水平都会产生直接和间接的重要影响。选择外出就业同时还受到诸多方面的制约，包括婚姻选择、当地文化、区位和地理、自身性别、社区影响等方面，性别差异在外出就业选择上体现得就较为明显（图7-3）。

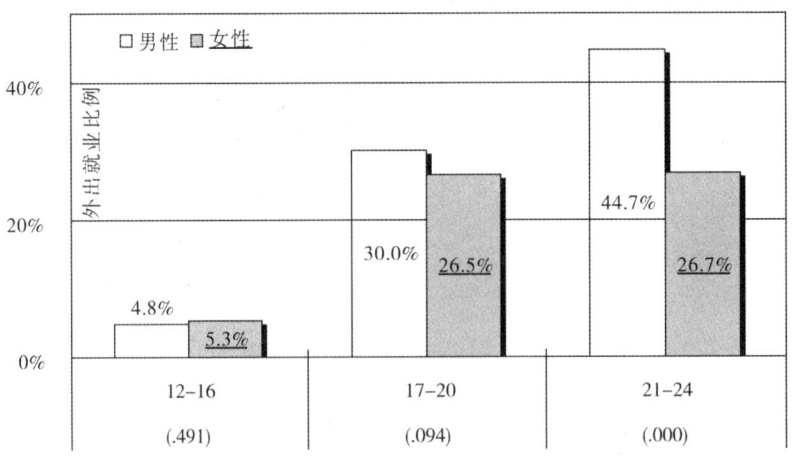

注：横轴（分类轴）下方"（）"内数字为 $Chi^2$ 检验的 p 值。

图7-3：不同年龄段青年外出就业比例

就 17 岁以后两个年龄段的青年来说，男性外出就业的比例就显著地高于女性。在 21~24 岁年龄组人群中，近 45% 的男性有过外出就业的经历，仅有 1/4 的女性有外出就业经历，并且二者的差异在统计上非常显著；与此相对的是这个年龄段的青年女性 38% 已婚，而男性仅有 18.9% 已婚。

这种"走出村庄"的选择对于青年来说是一个重要的人生经历，尤其在中国市场化进程日益推进的今天，青年们面临其父辈未有的变局。本节描述统计的目的主要在于初步报告青年们选择的基本概况，对于影响青年外出就业选择的因素在下一节建立正式的计量模型加以分析。因为 12~16 岁青年处于义务教育阶段，参与外出就业比例还非常小，下一节的分析集中在 17 岁以上青年的子样本。

## 二、外出就业影响因素与性别差异分析

样本中 17~24 岁青年样本总数为 1338 人，对于还在上学的人群而言，外出就业对于他们同样是一种选择。他们的选择和离开学校的青年相比较存在一定的异质性（Heterogeneity），因此在估计方程的时候，分别对于"已经离开学校"和"在校"的青年组分别进行组内变换（Within）处理，消除这种潜在的异质性。

基本的外出就业二分选择计量模型设定如式：

$$\text{Prob}(out_i = 1) = \beta_{0i} + \beta_{1i}x_{1i} + \beta_{2i}x_{2i} + \beta_{2i}x_{2i} + \varepsilon_i \quad i = 1, 2, 2, 4 \quad (7.1)$$

在式（7.1）中，因变量 $out = 1$ 是二分变量，外出就业 = 1；诸 β 表示待估系数向量；ε 为随机扰动项；$x_1$ 表示一组影响外出就业的青年个人特征向量，主要包括：身高（cm）、BMI 指数（体重 kg/身高 m 的平方）、BMI 平方[1]、教育年限、婚姻哑元（已婚 = 1）、民族哑元（少数民族 = 1）；$x_2$ 表示

---

[1] 这几个指标表征长期（身高），短期（BMI 指数）的营养和健康状况；虽然一般来说，20 岁以下人群（尤其是孩子）常用的身高和体重指标需要使用年龄调整 z 分数计算，但是我们的描述统计显示，样本青年 17 岁以后基本身高变化已经非常稳定了，因此统一使用这三个指标表征健康，详细的讨论参见 Strauss，"Health, Nutrition, and Economic Development", Journal of Economic Literature, Vol. 36, (2), pp. 766–817。

一组家庭的影响特征向量，包括的主要变量有：家庭人口数（对数单位）、家庭人均耕地面积（对数单位）、家庭负担系数①、家庭人均消费（对数单位）表征的家庭长期收入水平；$x_3$ 表示一组社区和"环境"影响特征向量，包括：地势哑元（山区＝1）、县距离（对数单位）、本村外出就业劳力比例、教育价格（对数单位）和地州平均小时工资率（对数单位）。"地势"和"距离"表征的是外出就业的难易程度或机会成本；"本村外出就业劳力比例"表征外出就业的示范效应和一种就业机会与搜寻的社会资本；"教育价格"使用2005年此人全年的教育总支出地州平均数代表，包含了教育质量、学校级别和上学需要生活费用的平均水平。在控制教育年限的情况下，先验的推测教育价格越高，则外出就业的可能性就越大，因为学校教育投资的成本增加；相对的，"地州平均小时工资率"越高，则外出就业收益率越高，教育机会成本越大，因此先验的推测"平均工资"表示的青年劳动力价格对于外出就业具有正向的影响。

式（7.1）其实表示一组方程，以下标区分。$i=1$，2，3，4 分别表示男（17~20）、男（21~24）、女（17~20）、女（21~24）四个性别和年龄的交叉组别。这样设定的含义在于允许这 4 种人群具有不同的外出就业选择行为的灵活形式。利用 Probit 模型对式（7.1）进行估计，因为在同一个村庄内部可能存在 Cov（$\varepsilon_k$，$\varepsilon_j$）$\neq 0$，因此进行了村庄的 Cluster 校正（Deaton）为了解释的方便，直接报告估计结果的平均边际影响②及其 $t$ 值，结果在表 7-2 列示。

表 7-2：青年外出就业概率的 Probit 模型估计结果

| 因变量：外出就业＝1 | 男（17~20） | 男（21~24） | 女（16~20） | 女（21~24） |
| --- | --- | --- | --- | --- |
| 解释变量 | 边际/（t 值） | 边际/（t 值） | 边际/（t 值） | 边际/（t 值） |
| bmi 指数 | －40.705 | 71.371** | －28.521 | －4.725 |
|  | （－1.218） | （2.471） | （－1.221） | （－0.196） |

---

① 15 岁以下和 65 岁以上人口占家庭总人口比例数。
② Probit 模型是非线性模型，变量对选择的概率边际影响。通常的计算是在解释变量向量的均值处计算边际。这样处理遭到了 Wooldridge（2002）的批评，更为精确的处理是计算各个分位处边际的平均数，参见 Wooldridge, J. M., Econometric Analysis of Cross Section and Panel Data, 2002, MIT Press, Cambridge, Mass.。

续表

| 因变量：外出就业=1 | 男（17~20） | 男（21~24） | 女（16~20） | 女（21~24） |
|---|---|---|---|---|
| 解释变量 | 边际/（t值） | 边际/（t值） | 边际/（t值） | 边际/（t值） |
| bmi平方/100 | 101.151 | -170.827** | 76.836 | 0.599 |
|  | (1.214) | (-2.517) | (1.348) | (0.010) |
| 身高（厘米） | 2.514*** | -0.758 | 0.153 | 0.805 |
|  | (4.491) | (-0.958) | (0.261) | (1.292) |
| 家庭人均纯收入对数 | 1.192 | 0.699 | 1.666 | -0.272 |
|  | (0.484) | (0.297) | (0.593) | (-0.107) |
| 家庭人口数对数 | -44.671 | -13.788 | 4.007 | 9.455 |
|  | (-1.613) | (-0.986) | (0.216) | (0.578) |
| 家庭人均耕地面积对数 | 0.659 | -2.383 | -0.407 | -9.956*** |
|  | (0.574) | (-0.913) | (-0.414) | (-2.961) |
| 家庭负担系数 | 47.490 | 18.301 | -40.240 | -55.262* |
|  | (1.310) | (0.471) | (-1.025) | (-1.847) |
| 地势哑元（山区=1） | 2.778 | 10.212 | 7.244 | -7.223 |
|  | (0.331) | (1.191) | (0.808) | (-0.830) |
| 县距离对数 | -0.163 | 7.999* | 0.302 | 3.573 |
|  | (-0.045) | (1.802) | (0.080) | (1.006) |
| 上过几年学（年数） | -4.212*** | -2.154* | -3.529** | -2.750** |
|  | (-3.595) | (-1.817) | (-2.486) | (-2.437) |
| 母亲教育年限 | -0.331 | -0.671 | -2.101 | 1.572 |
|  | (-0.291) | (-0.595) | (-1.614) | (1.414) |
| 少数民族=1 | 0.767 | 2.403 | -3.473 | 6.409 |
|  | (0.099) | (0.307) | (-0.531) | (0.861) |
| 本村外出就业劳力比例 | 5.81** | 12.27** | 11.9** | 9.60*** |
|  | (2.284) | (2.794) | (2.389) | (3.458) |
| 教育价格对数 | -24.986* | -40.346** | -12.383 | 9.643 |
|  | (-1.682) | (-2.292) | (-0.863) | (0.758) |
| 地州平均小时工资率 | 19.314* | 14.381** | 8.810** | 10.063** |
|  | (1.944) | (2.247) | (2.772) | (2.971) |
| 婚姻状况哑元（已婚=1） | 5.084 | -7.928 | -12.060** | -8.986** |

续表

| 因变量：外出就业 = 1 | 男（17~20） | 男（21~24） | 女（16~20） | 女（21~24） |
|---|---|---|---|---|
| 解释变量 | 边际/（t值） | 边际/（t值） | 边际/（t值） | 边际/（t值） |
|  | (0.194) | (-0.814) | (-1.358) | (-1.072) |
| 对数似然 | -68.346 | -98.527 | -84.939 | -76.697 |
| chi2 | 38.184 | 30.201 | 28.118 | 37.534 |
| 有效样本数 | 243 | 264 | 259 | 256 |
| Pseudo R2 | 0.218 | 0.133 | 0.142 | 0.197 |
| 回代准确率 | 76.92% | 64.63% | 72.96% | 73.72% |
| 健康三个指标联合chi2值 | 15.74*** | 6.65* | 4.10 | 5.98* |

注：***：1%水平上显著；**：5%水平上显著；*：10%水平上显著，括号内的数字为校正了Cluster的Robust标准误计算的t值，平均边际影响乘以了100，转成百分数的形式。

概率比例模型的估计结果显示出一些有趣的特征。从营养和健康状况方面观察，身高和强壮程度（BMI指数表示）对于男青年外出就业具有显著的促进作用；而对于女青年外出则没有显著影响，三个健康指标Wald联合检验的结果也是如此。与此相对的是，婚姻对于女青年外出就业的负面影响显著，对于两个年龄组来说，和未婚相比，已婚的女青年外出就业的可能性分别要低12%和9%；而对于男青年来说，婚姻对于外出就业没有显著影响。这里存在两种可能的解释：其一、女性组成家庭以后，需要承担传统的家庭分工责任，"女主内"和抚育后代的家庭分工使得她们婚后不容易外出就业，"家庭负担系数"和"人均土地面积"对于女青年外出就业都有显著负面影响也说明了这一点；其二、样本中男性已婚太少，分组样本数本来就不大，可能存在统计上"势能①（Power）"不足的原因。从营养和健康对外出就业影响的性别差异来看，男青年外出就业体力方面的特征要求相对要高一些，男性外出就业从事的行业很多是劳动强度较大的职业，女青年则分布在服务行业相对较多一些。换种表述方法，就是体力好的男性青年更容易进入劳动力市场，期望的外出就业收益增加，因此更加倾向于选择外出就业。

① 简单地理解，就是研究需要一定数量的样本才足以发现差异。

分层设定函数形式最为显著的发现在于"教育年限"对青年外出就业的影响。从已有的研究来看，教育对于外出就业都有显著的正向影响，例如（朱农，2005）的研究。我们在使用全部样本混合估计的时候，"教育年限"边际影响为显著的负值，与直觉相悖。在允许系数变化的分组设定以后，估计结果揭示出：在通常的高中年龄段，外出就业者需要在学校教育和外出就业两种路径之间进行选择，并且二者互斥。这样可能感觉教育收益不大的青年更加倾向选择外出就业，这个年龄段选择外出就业的青年学习成绩平均可能要差一些，这种负向关系一定程度上包含了观察不到的"禀赋"和教育收益的人群异质性。在基本结束高中阶段的20岁以上组的青年，教育显示出通常的正向影响，并且统计上显著。

同样呈现这种年龄分层异质性特征的影响因素还有两个表征就业环境的变量："本村外出就业劳力比例"和"地州平均小时工资率对数"，二者都对于20岁以上年龄组更加具有显著的影响。女青年外出就业更依赖于本社区既有的外出就业人群比例，劳动力价格提高1%，使得20岁以上女青年外出就业可能性增加10%，男青年增加0.12%。

因为本文使用的是横截面数据，无法准确估算外出就业的长期收益。但是外出就业者获得职业培训的机会明显高于留在村中的伙伴（表7-3）。17~20岁组外出就业青年获得技术培训的比例为18.3%，留在当地的青年比例为13.8%；21~24岁组外出就业青年获得技术培训的比例为20.3%，留在当地的青年比例为8.1%。

表7-3：外出就业与专门技术培训

| 青年年龄段 | 外出就业经历 | 接受过技术培训 | 未接受过技术培训 | 合计 |
| --- | --- | --- | --- | --- |
| 17~20岁 | 有 | 18.3% | 81.7% | 100.0% |
| [$Chi^2$检验 $p$ 值：0.092] | 无 | 13.8% | 86.2% | 100.0% |
|  | 合计 | 17.5% | 82.5% | 100.0% |
| 21~24岁 | 有 | 20.3% | 79.7% | 100.0% |
| [$Chi^2$检验 $p$ 值：0.056] | 无 | 8.1% | 91.9% | 100.0% |
|  | 合计 | 18.3% | 81.7% | 100.0% |

这种获得培训的机会差异在两个年龄组别上的检验都在统计上显著（10%水平）。这种培训的比较可以看做是在职的人力资本投资，从大量的Mincer方程估计结果来看，在职培训对于长期的收入能力都具有显著的影响。因此可以推断，外出就业获得在职培训机会的增加将是未来这些青年长期收入提高的一个机制和潜在的路径。

## 三、第七章小结

本文利用云南农村贫困地区数据分析了影响农村青年外出就业的因素，利用微观数据进行经验研究的主要发现包括：第一，在农村青年外出就业的选择过程中，存在一些明显的年龄分层和性别分层的异质性特征。女性更多的还是受到传统婚姻家庭角色定位的影响；婚姻对于女性的外出就业具有显著的负面影响，家庭土地面积也是如此。对于男青年来说，健康状况和长期的营养投资对于外出就业，进入劳动力市场具有显著的正向影响，这种体质特征对于女性不明显；第二，对于20岁以下的青年来说，教育和外出就业之间存在一定的替代作用，而20岁以上青年的教育程度对于他（她）们外出就业的选择具有促进和互补的作用；第三，劳力市场的环境因素对于20岁以上青年选择外出就业具有显著影响，这些主要的环境体现在工资水平（劳动力价格）和已有的社区外出就业人员比例。社区环境对于女青年外出就业尤其具有非常显著的影响，一种可能解释就是女性外出一般来说较之男性更不方便一些，村中有外出就业经验人员的指导可以有效降低女性到城市就业的"搜寻成本"和"信息成本"（Bardhan and Udry，1999），从而促进女青年外出打工。

外出就业可以使得青年人获得更多的技术培训机会，长期来看这种培训将是影响他们长期收入水平的一个重要因素。技术培训仅仅是外出就业诸多长期收益影响途径中的一种，其他的路径包括无法准确定量测量的"增长见识"、"社会网络"和"干中学技术扩散"的因素，还具有对于家庭和社区的正外部性。回到本文的主题——走出村庄，对于山区贫困农村的青年来说是一种人生的重要转折和一次关键选择。"走出村庄"不仅仅是一种经济意义上的收益，更为重要的是"走出村庄"对于农村青年来说，是他们和她们走向富裕、融入市场的关键，也是在市场化进程中开始消除中国城乡二元差距的一个起点，对于个人来说如此，对于整个国家来说，走向和谐社会的一个关键点就是促进农村发展的未来——青年人"走出村庄"，所以本文以此为题。

限于数据，本文采取的经验研究方法是非常初步的，以描述性分析为主。所以在这个意义上，本文更多的作用是体现在"提出问题"这个层面，期待学术界更多的研究关注于青年一代！

# 第八章 结语：投资于云南妇女促进长期的性别平等

## 一、云南山区贫困地区人力资源开发性别差异的现状与原因综述

本书前面各章利用云南山区贫困地区农户微观数据，在 AHM 模型的框架下，从营养与健康、教育、外出就业三个方面对西部地区农户人力资本投资存在性别差异进行了实证研究，主要的结论如下：

在云南山区贫困地区，无论是成人还是孩子，女性的营养状况显著不如男性；并且这种性别差异在低收入组别中更为突出，且还有拉大的趋势；与年龄较大的组别相比，年龄较小的组别中，营养的性别差异没有缩小的迹象。

从四周患病就诊的情况来看，控制其他影响因素以后妇女在就诊的可能性与就诊花费上和男性没有显著差异；"新农合"对于促进农户就诊则效果显著，并且在农户医疗卫生服务利用方面，"新农合"缩小性别差异的效果显著；这种促进妇女的医疗服务利用作用主要体现在妇女对村级以上机构的医疗服务的利用上。

在成人教育方面，主要发现包括：在成人教育不平等方面，女性群体较之男性群体高，并且，这种差异主要体现在家庭个体的层面，而非群体特征。教育性别差异分解的结果表明，教育性别差异主要可以由组内变化所解释，而组间的特征解释力较小。男女教育性别差异主要存在于小学和初中阶段，

但是发达程度不同的地区的差异特征各异：少数民族聚居的贫困地区教育性别差异尤其突出。控制了家庭收入差异以后，女性教育不平等程度显著高于男性，这体现出家庭内部资源分配上的性别歧视。

教育和营养的性别差异具有一种显著不同的特征，教育的性别差异在高龄组别中体现最明显，随着年龄组别的降低，这种差异逐渐缩小，尤其在20岁以下组别中，教育的性别差异几乎消失；而营养的性别差异则没有显示出这种特征，甚至在低龄组别中，营养的性别差异甚至还有扩大的趋势。

对孩子教育的分析发现，控制其他因素以后，女孩的辍学危险要显著高于男孩。教育质量对于降低孩子的辍学率具有显著的影响；母亲的受教育程度对于减小孩子的辍学风险具有显著影响，而父亲的教育程度对子女辍学的影响则不显著。

在农村青年外出就业的选择过程中，存在一些明显的年龄分层和性别分层的异质性特征。女性更多的还是受到传统婚姻家庭角色定位的影响；婚姻对于女性的外出就业具有显著的负面影响，家庭土地面积的影响也是如此。对于男青年来说，健康状况和长期的营养投资对于外出就业、进入劳动力市场具有显著的正向影响，而这种体质特征对于女性不明显；社区环境对于女青年外出就业具有非常显著的影响，即女青年外出就业更依赖于本社区既有的外出就业人群比例。

总的来说，以往的大多数研究往往只关注于人力资本投资性别差异的一个侧面，与此不同，我们课题相对全面地分析了西部山区贫困农村地区人力资本投资性别差异的三个方面：营养与健康、教育、外出就业，并且包含了成人和孩子两方面的情况。结果发现：在人力资本投资方面，几乎都存在一定程度的性别差异，和男性相比，女性的人力资本投资处于不利地位，尤其是在贫困组别中这种差异更加明显。在控制了其他因素的前提下，民族因素对于人力资本投资的性别差异并没有很强的解释力。

# 二、促进云南山区贫困地区性别平等的政策含义

人力资源投资的性别不平等是造成女性长期受到不公平对待的根本原因

之一,这种不平等严重影响了国家的发展前景。造成这种不平等,既有制度因素又有市场失灵(或者不完善)的原因,这就要求公共部门和私人部门共同采取行动来消除人力资本投资方面的性别差异。

基于本章经验研究的结论,并结合已有研究的成果,我们考虑促进西部山区贫困地区人力资源开发性别平等的政策建议框架包括:

改革制度以确保男女权利和机会的平等。我们的研究和已有研究的结果都发现妇女的收入和财产的增加对于促进女童人力资本投资具有重要意义。因此保障权利和机会的首要措施是立法:保障妇女的合法权益,包括妇女在家庭中的合法权益,妇女的土地权;保障妇女外出就业的劳动合同,降低女性外出就业的成本和其他制度障碍;其次是设计有利于山区贫困地区妇女平等获取服务的供给模式,包括在基层医疗卫生服务人员中,女性医疗人员的增加可以有效提高妇女对基层卫生服务的利用,从而提高生殖健康水平;在农村的基础教育中,加大女教师比重,提高教育质量,设立针对女童的生理教育和学校卫生服务项目;为消除营养方面的不平等,在贫困地区的中、小学校广泛推广强化营养的健康午餐等措施。

促进经济发展,强化性别平等的激励机制。经济发展和经济增长有利于促进性别平等,但是必须借助于一定的机制才能够更快地体现作用。这些机制包括女性劳动生产率和收入的增加,可以促进家庭做出投资于女孩的决策。改善山区基础设施的若干措施包括:道路、改水改厕、交通、电力等方面,以减轻妇女的家庭劳动负担,解放妇女的时间和精力。在"新农合"不断加大投入的同时,有意识地提高妇女就诊的报销比例,避免家庭内部健康资源分配的不公平。在城市社区建立有效的医疗、教育和其他外来就业人群的社会保障制度;在农村社区提供针对留守儿童和老人的服务措施,促进女性劳动力的有效转移。

在支配资源、参政和议政方面保障妇女应享有的平等权利。这方面的建议包括在信贷、技术培训和其他的扶贫政策方面融入广泛的性别视角。在诸如公务员招聘和其他人员招聘方面建立性别歧视审查制度等。在各级政府和公共部门中保障妇女参政议政的平等权利。

近年来,云南省在人力资源性别平等方面已经取得了重大发展,但是在西部山区贫困地区还有大量的女性仍然无法享有和男性同等的人力资本投资。

并且在本课题研究过程中，发现云南省的性别统计口径的资料非常匮乏，这也从另一个侧面说明了西部地区在促进性别平等方面还任重道远。

问题已经提出，让我们采取积极的行动投资于云南妇女，促进西部山区贫困地区长期的性别平等！

第八章 结语：投资于云南妇女，促进长期的性别平等

# 参考文献

1. Alderman, H. ," Anthropometry ", in Designing Household Survey Questionnaires for Developing Countries: Lessons from 15 Years of the Living Standards Measurement Study, edited by Grosh, M. and P. Glewwe, 2000, The World Bank, Washington, D. C.

2. Alderman, H. , and Gertler, P. ," Family Resources and Gender Differences in Human Capital Investment: The Demand for Children in Pakistan", in Intra – household Resources Allocation in Developing Countries, edited by Haddad, L. , et al. pp. 231 – 248, 1997, Johns Hopkins University Press, Baltimore.

3. Bardhan, P. K. , et al. ," Women in Emerging Asia: Welfare, Employment, and Human Development", Asian Development Review, 1998, Vol. 16（1）, pp. 72 – 125.

4. Bardhan, P. K. , and Udry, C. , Development microeconomics, 1999, Oxford University Press, New York.

5. Becker, G. S. ," A Theory of the Allocation of Time ", The Economic Journal, 1965, Vol. 75 pp. 493 – 517.

6. Behrman, J. R. ," Intrahousehold Distribution and The Family", in Handbook of Population and Family Economics, edited by Rosenzweig, M. R. and Stark, O. , Vol. 1A, pp. 146 – 147, 1997, Elesvier, Amsterdan.

7. Behrman, J. R. , and Birdsall, N. ," The Quality of Schooling: Quantity Alone is Misleading", American Economic Review, 1983, Vol. 73（5）,

pp. 928 – 946

8. Birdsall, N. ," Public inputs and child schooling in Brazil", Journal of Development Economics, 1985, Vol. 18 (1), pp. 67 – 86.

9. Cox, D. , and Jimenez, E. ," The relative effectiveness of private and public schools: Evidence from two developing countries", Journal of Development Economics, 1990, Vol. 34 (1 – 2), pp. 99 – 121.

10. Dasgupta, P. , and Ray, D. ," Inequality as a Determinant of Malnutrition and Unemployment: Theory", Economic Journal, 1986, Vol. 96 pp. 1011 – 1034.

11. Dasgupta, P. , and Ray, D. ," Inequality as a Determinant of Malnutrition and Unemployment: Policy", Economic Journal, 1987, Vol. 97 pp. 177 – 188.

12. Deaton, A. , The analysis of household surveys : a microeconometric approach to development policy, 1997, Published for the World Bank [by] Johns Hopkins University Press, Baltimore, MD.

13. Deaton, A. ," Health, Inequality, and Economic Development", Journal of Economic Literature, 2003, Vol. 41 (1), pp. 113 – 158.

14. Dow, W. H. , and Norton, E. C. ," The Red Herring that Eats Cake: Heckit versus Two – Part Model Redux", 2002, Triangel Health Economics Working Paper Series, Department of Health Policy and Administration at the University of North Carolina, Chapel Hill.

15. Duan. N, et al. ," A comparison of alternative models for the demand for medical care", Journal of Business and Economic Statistics, 1983, Vol. 1 (2), pp. 115 – 126.

16. Glewwe, P. , and Jacoby, H. ," Student Achievement and Schooling Choice in Low – Income Countries: Evidence from Ghana ", The Journal of Human Resources, 1994, Vol. 29 (3), pp. 843 – 864.

17. Grossman, M. , The Demand for Health: A Theoretical and Empirical Investigation, 1972, Columbia University Press for The National Bureau of Economic Research,, New York.

18. Heckman, J. J. ," Sample Selection Bias as a Specification Error", Econometrica, 1979, Vol. 47 (1), pp. 153 – 161.

19. Kakwani, N., et al. ," Socioeconomic inequalities in health: Measurement, computation, and statistical inference", Journal of Econometrics, 1997, Vol. 77 pp. 87 – 103.

20. Manning, W. G. , et al. ," Health Insurance and the Demand for Medical Care: Evidence from a Randomized Experiment", American Economic Review, 1987, Vol. 77 (3), pp. 251 – 277.

21. Mullahy, J. ," Heterogeneity, Excess Zeros, And the Structure of Count Data Models", Journal of Applied Econometrics, 1997, Vol. 12 (3), pp. 337 – 350.

22. Pitt, M. M. , and et al," Productivity , Health , and Inequality in the Intrahousehold Distribution of Food in Low – income Countries", American Economic Review, 1990, Vol. 72 pp. 1139 – 1156.

23. Pohlmeier, W. , and Ulrich, V. ," An Econometric Model of the Two – Part Decisionmaking Process in the Demand for Health Care", The Journal of Human Resources, 1995, Vol. 30 (2), pp. 339 – 361.

24. Pollak, R. A. ," A Transaction Cost Approach to Families and Households", Journal of Economic Literature, 1985, Vol. 23 (2), pp. 581 – 608.

25. Pyatt, G. ," On the Interpretation and Disaggregation of Gini Coefficients", The Economic Journal, 1976, Vol. 86 pp. 243 – 255.

26. Quisumbing, A. R. ," Male – Female Differences in Agricultural Productivity: Methodological Issues and Empirical Evidence", World Development, 1996, Vol. 24 pp. 1579 – 1595.

27. Schultz, T. P. ," Education investments and returns", in Handbook of Development Economics, edited by Chenery, H. and Srinivasan, T. N. , Vol. 1, pp. 543 – 630, 1988, North – Holland Elsevier Amsterdam

28. Schultz, T. P. ," Women's roles in the agricultural household: Bargaining and human capital investments", in Handbook of Agricultural Economics,

edited by B. Gardner and G. Rausser, Vol. 1, pp. 384 – 456, 2001, North – Holland Elsevier, Amsterdam.

29. Sen, A. K., 1990," More than 100 Million Women are Missing", New York Review of Books, Download from http://www.mhhe.com/getis9e/.

30. Singh, I., et al. (Eds.), Agriculturral Household Models, 1 ed., 1986, The John Hopkins University Press, Washington, D. C.

31. Strauss, J., and Thomas, D.," Human resources: Empirical modeling of household and family decisions", in Handbook of Development Economics, edited by Behrman, J. R. and Srinivasan, T. N., Vol. 3, pp. 1883 – 2023, 1995, North – Holland Elsevier, Amsterdam.

32. Strauss, J., and Thomas, D.," Health, Nutrition, and Economic Development", Journal of Economic Literature, 1998, Vol. 36 (2), pp. 766 – 817.

33. Vijverberg, W. P. M.," Educational Investments and Returns for Women and Men in Cote d'Ivoire ", The Journal of Human Resources, 1993, Vol. 28 (4), pp. 933 – 974.

34. WHO," Physical status: the use and interpretation of anthropometry. Report of a WHO Expert Committee", 1995, World Health Organ Tech Rep Ser, Geneva.

35. Wooldridge, J. M., Econometric analysis of cross section and panel data, 2002, MIT Press, Cambridge, Mass.

36. World Bank, World development report: Investment in health, 1993, World Bank, Washington, D. C.

37. World Bank, Engendering Development: Through Gender Equality in Rights, Resources, and Voice, 2001a, Oxford University Press Washington. D. C.

38. World Bank, World Development Report 2000: Attacking Poverty, 2001b, The World Bank, Washington, D. C.

39. World Bank, World development report 2002/2003: Sustainable develop-

ment in a dynamic world, 2003a, World Bank, Washington, D. C.

40. World Bank, World Development Report 2004: Making Service Work for Poor People, 2003b, The World Bank, Washington, D. C.

41. World Bank, World Development Report 2007: Development and The Next Generation, 2006, The World Bank, Washington, D. C.

42. Yang, D. T. ," Education in production: Measuring labor quality and management", American Journal of Agricultural Economics, 1997, Vol. 79 pp. 764 – 772.

43. 蔡昉. 中国人口与劳动问题报告: 人口转变与教育发展》. 北京: 社会科学文献出版社. 2004.

44. 曹广忠. 农村外出就业劳动力的结构特征与就业地区分布——对宁夏固原县的调查分析. 经济地理, 2002 Vol. 22（6）: 731 ~ 749.

45. 陈春霞. 农村女性劳动力外出就业倾向影响因素分析. 农村经济, 2006（11）: 121 ~ 124.

46. 高梦滔. 西方经济学界对于家庭内部资源分配的性别视角分析. 中国人口科学, 2005（2）: 81 ~ 89.

47. 高梦滔、高广颖. 新型农村合作医疗供给与需求研究——来自云南的案例分析. 中国卫生经济, 2005（5）: 9 ~ 12.

48. 高梦滔、和云. 妇女教育对农户收入与收入差距的影响: 山西的经验证据. 世界经济, 2006（7）: 82 ~ 92.

49. 高梦滔、王健. 从供给角度对新型农村合作医疗可持续性的思考. 卫生经济研究, 2004（9）: 3 ~ 8.

50. 高梦滔、姚洋. 性别、生命周期与家庭内部健康资源分配. 经济研究, 2004（7）: 115 ~ 125.

51. 胡苏云. 中国农村人口医疗保障: 穷人医疗干预视角的分析. 中国人口科学, 2006（3）: 30 ~ 37.

52. 蒋中一、冯赫. 农村义务教育中的辍学问题及其原因研究. 2002, 打印稿. 农业部农村发展研究中心.

53. 李实. 中国个人收入分配研究回顾与展望. 经济学季刊, 2003 Vol. 2（2）: 379 ~ 404.

54. 农村基础教育的公共投入政策研究课题组．关于农村基础教育公共投入状况的调查．经济研究参考，2003（73）：1～28.

55. 世界银行．中国推动公平的经济增长（中译本）．2004．北京：清华大学出版社．

56. 陶春芳、萧扬．中国妇女生育健康研究．1995．北京：新世界出版社．

57. 汪宏等．中国农村地区农民参加合作医疗受益的公平性．中国卫生经济，2005（2）：16～19.

58. 王冲．"放弃的收入"与义务教育阶段的农村失学问题．农村经济，2003（10）：47～49.

59. 魏众．健康对非农就业和工资决定的影响．经济研究，2004（2）：63～72.

60. 文军：从生存理性到社会理性选择：当代中国农民外出就业动因的社会学分析．社会学研究，2001（6）：19～30.

61. 云南省统计局，2007a．卫生投入增加推动云南农村合作医疗迅速发展，网址：http：//www.yn.xinhuanet.com/newscenter/2007-06/07/content_10235987.htm.

62. 云南省统计局．云南统计年鉴（2007）．2007．北京：中国统计出版社．

63. 张车伟．营养、健康与效率——来自中国贫困农村的证据．经济研究，2003（1）：3～12.

64. 张平．中国农村居民区域间收入不平等与非农就业．中国居民收入分配再研究．1999．北京：中国财政经济出版社．

65. 中国国家统计局．中国社会中的男人和女人：事实与数据，2004．北京：内部资料．

66. 中国国家统计局．中国社会中的男人和女人．2008年5月28日下载，2005．http：//www.stats.gov.cn/tjsj/qtsj/．北京．

67. 中国国务院，2000．中国妇女发展纲要（2001—2010年）．新华网：2007年12月下载于北京．网址：http：//news.xinhuanet.com/ziliao/2003-09/03/content_1061214.htm.

68. 中国卫生部统计信息中心，2007．2006年中国卫生事业发展情况统计公报．网址：http：//www.moh.gov.cn/newshtml/18903.htm.

69. 朱玲.健康投资与人力资本理论.经济学动态,2002(8):56~58.
70. 朱玲、蒋中一.以工代赈与缓解贫困.1994.上海:上海三联出版社.
71. 朱农.贫困、不平等和农村非农产业的发展.经济学季刊,2005 Vol.5(1):167~188.